NUNCA ES DEMASIADO TARDE

NUNCA ES DEMASIADO TARDE

IVY KANO

"Nunca es demasiado tarde"

Primera edición, 2011

© Derechos reservados por el autor:

Ivonne Azenett Aparicio Cano

Diseño de portada:

PixelLab Digital Training - www.pixellabtraining.com

Edición:

Verónica A. Barradas Treviño

Vieibi Studio Design - www.vieibi.com

No. de registro: *03-2008-102014094800-01*

"Image Copyright Ollirg, Pavel Sazonov & Pichugin Dmitry 2011,

Used under license from Shutterstock.com"

ISBN papel 978-84-9009-774-8

ISBN ebook 978-84-9009-775-5

DL : M42582-2011

Dedicatoria

Entre todas las oportunidades que me ha dado la vida, el conocerte a ti ha sido la mejor, porque me enseñaste a darle sentido a todo lo que me rodea, a levantar mi autoestima sin sentir vergüenza de verme tal cual soy.

Por tener la paciencia necesaria para ayudarme a salir adelante del laberinto en el que me encontraba y descubrir un nuevo estilo de vida, transmitiendo a los demás lo que aprendí, e impulsarme a dar este tesoro de experiencias al mundo y decirles con el corazón en la mano, que para cambiar, "Nunca es demasiado tarde".

Gracias Bb

PRESENTACIÓN

La necesidad de encontrar una respuesta a mis dudas, a mis inconformidades, a la ira, a mi deseo incontrolable de querer una estabilidad, un hogar, fue lo que me hizo buscar en todos los caminos conocidos y no aceptar como un hecho aquello que se me negaba. Conocí a lo largo de mi vida a muchas personas, con las cuales estoy muy agradecida, porque a través de las experiencias que viví con cada una de ellas pude definir bien qué era lo que quería, y lo que debía hacer para tener aquello que mi corazón ansiaba. Vi tristemente que las apariencias son muy diferentes a la realidad y que nos dejamos llevar por la impresión que nos transmiten, y que esto es en ocasiones una vil mentira que el ser humano adopta como una realidad, pero no es así y lo hace vivir en un mundo fantasioso e incierto; muchos de los matrimonios viven tratando de aparentar una vida común. La mayoría de las personas hacemos lo que los demás hacen para no ser rechazados, y nos engañamos a nosotros mismos, en ocasiones pagamos tranquilamente al que nos miente por ser considerado y no decirnos la verdad.

Intenté de todo y fui más allá del límite, y aunque esto me causó un gran desequilibrio emocional y físico nunca me di por vencida ni acepté lo establecido; es por eso que quiero compartir contigo estas vivencias y demostrarte con hechos que, si se desea de verdad, sí es posible hacer un cambio radical en nuestra vida que le brinde sentido, y que sí es posible tener aquello que se anhela vivamente. Sólo te advierto que debes estar consciente de que ir tras ello costará mucho trabajo, más vale la pena; es mejor morir intentándolo pero con la satisfacción de que lo hiciste a tu manera que vivir inútilmente haciendo lo mismo que los demás. Rebélate por lo menos una vez en tu vida y haz algo inusual. Si buscas un cambio en tu vida, ¡empieza ahora!

Sólo es realmente libre aquel que se arriesga y no el que se queda viendo volar.
Espero que te unas a las personas que hemos hecho la diferencia...

Sinceramente…   *Ivy Kano*

Capítulo 1

*"Quien dice que es feliz viendo felices a los demás,
se miente a sí mismo".*

Durante muchos años traté de encontrar la felicidad, expresaba mis ansias y mis deseos en libretas, pintaba caritas felices y me la pasaba tratando de hacer reír a cuanta gente conocía, disfrutaba mucho cuando lograba sacar una sonrisa de sus rostros, después me di cuenta de que la gente usaba una careta y que fingía ser feliz para no ser cuestionada del por qué de su infelicidad.

Me mortificaba mucho cuando no lograba hacer feliz a alguien, o cuando no aceptaban mis ideas; a veces platicando con mis amigas me pedían un consejo, y cuando les explicaba desde dónde se debía partir, ellas abandonaban la historia y preferían seguir así, fingiendo. Yo veía cómo se desvivían por sus parejas y por sus hijos diciéndose a sí mismas que eran felices tratando de mantener unida a la familia, haciendo los gustos de los demás y olvidándose de sí; y eso me causaba una gran tristeza y un gran dolor.

No alcanzaba a comprender por qué preferían quedarse en una vida donde sólo eran utilizadas, pero ellas decían que era mejor eso que quedarse sin su tarjeta de crédito, sin su carro, o peor aún, sin sus idas de compras al extranjero.

Incluso recuerdo a una que su esposo la maltrataba en el día y en la noche le traía serenata, y ya después que le abría la puerta de su casa le daba 5,000 dólares para que se fuera de compras a McAllen; ella felizmente me traía un detalle cuando regresaba y trataba de explicarme el por qué de los arranques de su marido pero que en el fondo era bueno… Yo no sabía ni qué decir. Ella sonreía, creo yo para convencerse a sí misma, mientras yo no alcanzaba a comprender cada acción.

Hubo una vez que yo deseaba ser como una de ellas y tener una familia como la suya, la forma en que se llevaban, cómo convivían y las comodidades que tenían, pareciendo el matrimonio perfecto, sentía un deseo enorme de que la vida me diera algo similar. Ella era una mujer muy inteligente, muy activa, llena de cualidades, sabía bailar estupendamente disco, mambo, chachachá… además era una mujer culta y educada, ya que conocía de muchos temas y los abordaba con gran desempeño que yo me sentía orgullosa de estar al lado de ella porque aprendía uno tantas y tantas cosas… en aquellos tiempos aún no me detenía a observar a las personas, sino que sólo veía lo que estaba frente al cristal pero no veía el interior.

Era divertido platicar con ella porque nunca te aburrías, sabía desde juegos infantiles hasta lo más actualizado de política y descubrimientos de la NASA, eso sin contar lo servicial que era, se preocupaba por los problemas de las personas y siempre estaba dispuesta a ayudar. De hecho mi hijo aprendió las tablas de multiplicar a los 5 años gracias a la manera tan divertida que tenía de enseñar las matemáticas, ella me ayudó en aquel tiempo a cuidar de mi bebé, se daba tiempo para todo. Siempre le agradecí la forma en que me apoyó. Así que cuando descubrí a la mujer que se escondía detrás de aquella máscara, sufrí tanto que no podía creer cómo la gente ríe por fuera mientras se está desgarrando por dentro. Había creado una farsa tan grande de su vida, que daba lástima ver cómo se estaba dejando morir, sin poder decirle a nadie su horrible secreto. Platicamos un día en que explotó porque ya no pudo guardarlo más. Su matrimonio era una farsa, me contó que su esposo, a quien ella amaba desde niña, tenía más de dos años sin tocarla, que era triste ver cómo ella lo buscaba día tras día sin poder recibir nada, ni una caricia, ni un gesto de amor, fue dándose cuenta poco a poco de la verdad con ciertos comportamientos de su esposo, ella sufría mucho porque sentía celos de que él quisiera estar más con sus amigos que estar con ella, llegó incluso a pensar que tenía otra mujer y se sentía celosa de toda aquella persona que robara su atención, pero la verdad estaba muy lejos de su imaginación. Un día vio por accidente que él se excitaba cuando estaba platicando junto a un amigo de él, yo creí que deliraba al contarme eso, ya que me resultaba imposible creer una cosa así, y ella misma en ese instante dudó, creyó que era parte de su delirio, pero no era así, hasta que después de un tiempo él se lo dijo. ¡Quiso morirse! Porque ella lo amaba mucho y con esto se venía abajo todo su sueño y más aún cuando tenía que guardar ese secreto porque era lógico que al saberse iba a ser tremendo el impacto ante la sociedad y lo peor de todo ante su propia familia. Ella trató por mucho tiempo de aceptar ese desenlace y hasta incluso trató de ayudarlo porque eso no le importó a ella, ya que lo amaba demasiado, pero él aún no se resignaba a aceptarlo, y lo comprendo ya que es duro darte cuenta de cuáles son tus verdaderos sentimientos y que no es correcto dañar a los demás. ¿Puedes imaginarte ahora cómo se sentía mi amiga? Aún ahora al recordarlo se me hace un nudo en la garganta tratando de pasar este tremendo trago, siempre esperas una rival, una mujer, pero perder a tu pareja por una persona del mismo sexo… ¡jamás! No lo concibes ni en sueños. ¿Cómo puede una cosa así guardarse tanto tiempo?… ¿Qué podía hacer?

Todo mi sueño, el sueño de ser como ella, se había derrumbado; pude ver cómo la gente se engaña a sí misma por temor al qué dirán y dejar de vivir por callar.

Tratamos de encontrar los medios necesarios, le recomendé un especialista para ambos pero él no aceptó. Y mientras, ella no podía evitar la sensación y el deseo de estar con alguien más. Así que le propuse que hablara con su marido para hacer un acuerdo en el que si él no le iba a poder cumplir al menos la dejara buscar a alguien, porque su marido seguía asistiendo a sus *"juntas de trabajo y reuniones con sus amigos"*, mientras ella sólo se quedaba mirando, pues él le decía: *"Así tiene que ser, tú no puedes, ya que la mujer se ve más mal que el hombre"*.

Ahí me di cuenta de cómo se es tan egoísta, ella cada día se veía peor, hasta que un día le dije que si debía ser de otra manera la respuesta llegaría sin esperar, y así fue.

Empezamos por mejorar su autoestima, le comenté que mientras ella no se quisiera a sí misma, jamás nadie podría llegar a quererla.

Es nuestra culpa cuando intentamos crear un ambiente ficticio con el que no se puede vivir ya que una mentira no se puede sostener toda una vida, y sería un pecado dejar morir el cuerpo sólo por resignarte a lo que nadie te pidió.

En su casa sólo la habían visto como un objeto, como una sirvienta, jamás nadie le daba las gracias por prepararles la cena o cumplirles algún antojo, sus hijos ya estaban grandes para hacerse responsables de ellos mismos, pero sólo la utilizaban, eran unos egoístas que sólo pensaban en sí mismos, y no les importaba lo que su madre sintiera. Una tarde le dije que ya no podía permitirlo más, por dignidad propia debía cambiar.

La invité un día a un cumpleaños de una de mis amigas y pensé que no nos acompañaría ya que, como les digo, ella siempre se dedicó a su casa; ya en otras ocasiones se había negado a acompañarnos, pero esta vez aceptó. Se arregló muy linda, era otra esa noche, aunque temerosa y algo tímida recuerdo que se le veían sus ojos muy tristes, creo que por más maquillaje que utilizó le faltaba aquel brillo, aquella chispa que sólo puede dar el amor, la ilusión, el regocijo, la pasión... algo que ella había dado por perdido. ¡Qué equivocada estaba! No podía ver que hay en el mundo tantas experiencias nuevas y que están al alcance de la mano, pero cuando te aferras a algo no puedes verlas aun si las tienes enfrente.

Relataré aquella noche para que veas cómo puede la vida dar un gran giro en un segundo cuando nos subimos al tren de las oportunidades.

Llegamos al salón de baile, éramos seis mujeres contentas y entusiasmadas por festejar el cumpleaños de Janeth, fuimos Gloria, Sandra, Belly, yo y la que no imaginamos que nos acompañaría, nuestra amiga Laura. Así que la noche era perfecta para subirnos al tren de las oportunidades y dispuestas a divertirnos. Janeth nos había pedido que la acompañáramos a ese lugar, debo reconocer que a nosotras no nos gustó, Sandra fue la primera en poner el grito en el cielo, ya que era un lugar de baja categoría, y no daba un buen aspecto, nada comparado a los sitios donde acostumbrábamos ir, pero como Janeth era la festejada, comprendimos que era su noche y decidimos entrar. El lugar estaba algo tenso ya que había muchos hombres solos y estábamos acostumbradas a que la mayoría de las veces convivíamos sólo mujeres, pero aun así nadie hizo gestos ni nada y apoyamos la idea de nuestra amiga, ella estaba muy feliz y sonriente porque se nos quedaron viendo desde que entramos, todos estaban impacientes por saber si nos quedábamos para sacarnos a bailar. Recuerdo que cuando entramos unos señores de la mesa del fondo aplaudieron y gritaron: ¡Bienvenidas! Las miradas eran todas para nuestro grupo, los señores volteaban a vernos sonrientes alzando sus copas brindando por nosotras, dándonos la bienvenida muy amablemente. El mesero nos acercó a la mesa indicada, y pude ver que varios de los asistentes nos abrían el paso, como si quisieran que nuestros lugares pudieran quedar cerca de ellos. Laura estaba muy tensa y algo nerviosa, traté de calmarla y le dije que tomara un trago, yo estaba preocupada por ella porque quería que pasara una noche divertida, nadie sabía su secreto, sólo yo, así que las demás creyeron que se debía a que era su primera salida. Todas brindamos y nos relajamos un poco. Más tarde, Gloria y yo fuimos al tocador, y las demás se quedaron platicando en la mesa. En el baño, Gloria me comentó que se sentía extraña al estar en un lugar así, pero le dije que teníamos que ser solidarias con Janeth, ella eligió ese lugar porque decía que ahí podía sentírse libre de ser como ella quisiera, y no fingir como lo hacía a diario, guardando una imagen por el qué dirán. La verdad en aquel tiempo nos preocupábamos tanto de lo que pensaran de nosotras, como si cada una llevara un título o apellido que cuidar, que cada paso lo dábamos pensando si era lo correcto o no. Coincidimos en que esa noche olvidaríamos la casa, los hijos, los problemas conyugales para poder dedicarnos a nosotras riéndonos y bailando, y claro disfrutando de un buen trago. Al regresar, para mi sorpresa, vimos a Laura parada en la pista bailando con un caballero, Gloria y yo nos quedamos con la boca abierta porque era un hombre atractivo, que claro no pensamos que habría en ese lugar, el chico era alto, moreno, de una personalidad impactante, muy simpático, mi amiga Laura se veía nerviosa, tanto que estaba sudando, cualquiera podía notarlo, casi puedo jurar que le latía el corazón a mil por hora.

A Gloria y a mí nos gustó la idea de que estuviera bailando, y nos quedamos platicando en la mesa, ya que las demás también estaban bailando. Me puse muy contenta porque sabía que mi amiga disfrutaba el baile con su acompañante, así que mi propósito se había cumplido.

Cuando decidimos irnos y salimos al estacionamiento, Laura iba temblando, entusiasmada, diciéndome que no podía creer lo que había vivido. Vi en su mirada que era otra, además le sudaban las manos y sus labios temblaban, no podía hablar de la emoción, tartamudeaba, tratando de explicarme lo alegre que se sentía, todas estábamos contentas, casi como colegialas, como unas niñas riéndose de las travesuras que habíamos hecho. Cuando de pronto apareció el chico aquel con el que había bailado Laura, la alcanzó y tomándola del brazo le dijo: *"Toma mi número de teléfono, quizás quieras llamarme algún día para volver a bailar"*. Le dio un beso en la mano y se despidió… ¡Imagínate, casi se desmaya! Todas reímos de la emoción mientras regresábamos a casa.

Fue una agradable noche que ella no olvidó, pudo actuar de una manera distinta desde aquel día, al menos tenía una esperanza, un aire de libertad que le dio fuerza para enfrentar de nuevo a su esposo y tratar de convencerlo de darle a su relación una segunda oportunidad puesto que eso no cambiaba el amor que sentía por él, al contrario estaba aferrada a no darse por vencida.

Ella pasó tres meses tratando de hablar con su esposo, buscando maneras de llevar una relación normal en la que ambos quedaran satisfechos, pero fue inútil, él seguía tratándola de la manera más humillante, incluso hasta le había parecido muy bien que ella ya no lo abordara, así que le pidió que siguiera haciendo su vida, pero que fuera discreta tal y como él lo hacía para seguir dándole al mundo la cara de una feliz pareja, porque por ella ya no sentía nada y que quizás jamás lo sintió.

Laura se vino abajo cuando su esposo le dijo esto, fue la gota que derramó el vaso, dejó de poner resistencia y decidió empezar de nuevo otra vida, rompiendo las reglas de lo establecido, haciendo lo que en verdad sentía, olvidándose del qué dirán y disfrutando un poco de lo que se le había negado, utilizó por fin ese teléfono y llamó a su amigo y éste, como si hubiera sido ayer, la recordaba tan bien que le dio mucho gusto recibir su llamada, se llamaban a diario antes de decidir verse, platicaban largas horas por teléfono y así empezó su amistad. Pobre Laura, le hacía tanta falta platicar con alguien a quien pudiera decirle la verdad de lo que traía adentro, alguien en quien descansar y soltar el saco de piedras que llevaba cargando. Cuando tus amigas no pueden quitar ese dolor, a veces se necesita la mano de alguien más que te motive y te incite a darle una segunda oportunidad a este mundo. Él recibió a Laura de muy buena manera, fue muy cortés, amable, tierno. Le dijo que la ayudaría siempre, que sería su compañía en un espacio incondicional cuando ella pudiera y no pusiera en riesgo su casa, sus hijos, su hogar, porque antes que nada respetaba mucho la confianza que ella había depositado en él y que no quería perjudicarla. La cuidaba mucho porque para él era una dama, y también una niña a quien le hacía falta mucho, pero mucho amor. Más bien yo creo que él vio cómo sufría y como se veía una mujer ávida de cariño él se apiadó de la soledad en que ella vivía. ¿Quién no hubiera hecho lo mismo?

Empezaría una relación diferente basada en lo que le enseñé, en dar sin esperar, en entregarse sin medida, buscando la satisfacción de su pareja y deleitándose en el placer de servir, de dejarse querer sin pensar en nada, en sentir puramente las expresiones de su cuerpo y no negarse al amor. El ver y sentir cómo se trasforma el ambiente cuando te entregas por completo genera nuevos aromas, es como un ritual de júbilo, en el que piensas que es hoy y no mañana, que sólo es este momento y que no volverá, es parte de un acontecer nuevo, cuando puedes percibir este amor que te digo, es conocer la gloria misma. ¡Tu esencia!

¡Bendito aquel que no espera porque así no estará decepcionado! Le dije: "Inténtalo Laura, nada tienes que perder".

Su transformación fue rápida, todos lo notaron, su mismo esposo estaba celoso del cambio al ver cómo estaba conociendo el verdadero amor, deleitándose en el placer. ¿Cómo borrar esa expresión de su cara? ¿Cómo puedes mentir si tu cuerpo refleja cuando estás satisfecho? La mayoría de los hombres sólo buscan sentirse atendidos, alabados, se preocupan sólo por ellos, porque tenemos una cultura machista muy arraigada aún, y para quitar toda esa basura nos falta mucho tiempo, pero si empezamos por enseñarles a estos hombres lo importante que es tener a una mujer satisfecha, no saben cuántas empresas estarían en la cúspide.

Pero todo cambia cuando hay encanto y placer en lo que hacemos y en lo que recibimos. Recuerdo que su cabello gris de antes cambió, su manera abandonada ya no existía, en aquellos tiempos estaba llena de canas pero no podía pintarlas porque el tinte se botaba; cosa que esta vez cambió pues su cabello al fin aceptó el tinte y lo tiñó de un tono castaño claro, rejuveneció, se empezó a preocupar por sí misma y dejó de ser la sirvienta de los demás. La vi reír como una niña, la escuchaba cuando venía a mi casa a contarme las fantasías de esas tardes de locura, y me alegraba cómo platicaba gustosa de lo bien que se sentía, hasta la migraña, aquella jaqueca que la tenía esclavizada se le quitó, me expresaba sin poder mentir que era la primera vez que se sentía querida y que disfrutaba de una manera especial que jamás imaginó. Cómo no creerle ante la chispa de felicidad que se veía en sus ojos. Muchas de las vecinas criticaron y juzgaron, las típicas que están ahí viendo como zopilotes y que no se deciden a dar un paso, ¿pero qué valía más, la aprobación de esas vecinas que nunca están contentas o el deleite de sentirse viva? La verdad a mi amiga poco le importó, quizás la moral y los principios quisieron frenarla pero ante la falta de cariño de toda una vida, dime tú quién desprecia un dulce o un helado de limón.

Con esto quiero decirte que las oportunidades están ahí,

pero se necesita estar alerta para verlas. ¿Por qué seguir aparentando un matrimonio que jamás existió? Si su esposo hubiera aceptado el compromiso de ayudarse como pareja el mismo efecto hubiera tenido él, porque para estar en equilibrio se necesita estar en unidad con tu pareja sintiéndote uno solo. Y si no tienes, es esencial buscar una definitivamente, pero una sola con la que puedas entenderte bien, comunicarte y aprender entre ambos, no se trata de dañar ni de andar jugando a probar, eso es lo único que no está permitido, "No nos está permitido dañar", todo es posible y existen miles de formas, sólo que en la mayoría de los casos la gente ni siquiera sabe qué es lo que quiere.

Se casan sin saber realmente si están preparados para ese compromiso, muchos ni siquiera tienen bien definida aún su sexualidad y cuando la descubren la tratan de ocultar y se hacen más daño, y los que la expresan son cruelmente señalados por ir en contra de lo establecido. Cuántos matrimonios hay así, por eso cómo pueden tener felicidad o dar felicidad a los demás si ni siquiera la conocen, es duro ver cómo no tenemos esa libertad de expresión, nos han inculcado y bombardeado con tanta información errónea… que si es pecado, que si es sagrado, que si es inmoral… etc. Han pagado justos por pecadores y nos vemos aquí ante una sociedad fría y egoísta.

Por eso no debemos olvidar el principio común que es el *"compromiso"*. Compromiso para crear armonía, y eso sí hay que tenerlo bien claro porque a partir de la comunión con una pareja es la única forma con la que puedes iniciar un cambio radical.

Pero hay que estar bien conscientes de lo que es una pareja (hay patrones, reglas que debes seguir y te las explicaré más adelante) porque no se trata de comprarla o de vendernos, sino de entregarnos verdaderamente a este compromiso.

Así que para hacer felices a los demás y a todo lo que nos rodea, necesitamos forzosamente estar en paz en nuestro interior. Al estar en paz espiritualmente es cuando comienza la verdadera felicidad y es el remolino donde todo llega solo, como una avalancha de emociones y triunfos, y eso se logra cambiando uno mismo; cambiando tú cambiará tu entorno y así verás un mundo distinto.

Claro que se batalla y se sufre antes de llegar ahí, ya lo decía nuestro Padre: *"Es en el crisol del fuego donde se purifica el oro"*. Pero no estás solo(a), si lo quieres de verdad sé que lo puedes lograr.

¿Te gustaría que te dijeran: *"¿Qué te has hecho? Hay algo en ti que te ves diferente"*. Se siente reconfortante cuando te dicen así, yo jamás imaginé que algún día me lo dirían, vivía enferma de anemia, casi ni comía, nada me causaba encanto ni atractivo, pero hoy puedo mirarme al espejo desnuda y decirme al fin: *"Cuánto me quiero ahora que mi cuerpo goza conmigo"*. Esto es un tesoro y deseo que tú también puedas conocer la sensación. Olvídate del qué dirán, olvídate de los tabúes, porque sólo son barreras que no te dejan ver más adelante, que te evitan sentir ese aire de libertad. Que te impiden ver lo maravilloso que eres.

En este libro hallarás algunos consejos. Mientras tanto piénsalo. Si crees que aún puede volver ese fuego de pasiones, si quieres reclamar aquello que no se te ha dado, te quedarás esperando. ¡Para recibir hay que trabajar duro!

Dentro de ti están las herramientas necesarias para ser feliz. ¡Ponlas en marcha!

"Si sientes mi vientre
cómo hierve de pasión
ten compasión
y vuelve a tocarme.
Porque estoy vivo
y siento contigo
el cruel desaire".

Capítulo 2

"Pobrecita yo"

Una tarde estando en casa de Lily –una de mis amigas– me quedé fijamente viendo el retrato de su boda, en la imagen se reflejaban el amor y la felicidad, recordé cómo yo deseé tanto en un tiempo tener mi propia fotografía de un recuerdo feliz, idealizar que un día yo también compartiría un momento de dicha al casarme y tener un recuerdo así. Pero al voltear a verla a los ojos empecé a ver que el brillo había cambiado y me pregunté: ¿Por qué la gente cambia después de casarse?... Y ella me dijo tristemente suspirando al ver su foto... ¡Ah, cuando era feliz!...

Y le pregunté por qué las cosas habían cambiado, por qué ambos tenían una mirada diferente. Se le humedecieron sus ojos y exclamó: "Porque la vida de casados es diferente a cuando se es novio".

Ella empezó a quejarse de que él dejaba su ropa sucia por doquier, que se la pasaba frente al televisor, que dejaba mojado todo el baño, que era muy desordenado, que además siempre quería estar con su mamá más que con ella, que siempre escaseaba el dinero, que nunca le ayudaba en las labores de la casa, ni aún por cooperar. De pronto la conversación fue de puras demandas y quejas, tanto que parecía que estaba en una oficina de teléfonos. Me preguntaba yo: ¿Y por qué si es tanta incomodidad la gente sigue ahí?... O peor aún, ¿por qué la gente no hace nada para cambiar?

Ella empezó a decir que ninguno de los esposos de sus compañeras era así, al contrario, que las apoyaban en todo, y que aparte les daban dinero para irse de compras, que tenían un mejor auto, una mejor casa, una carrera más exitosa, mayor solvencia, etc.

Entonces le respondí: *"¿Así que te la has pasado comparando todo este tiempo a tu marido?"*

Me miró con cara de sorpresa porque creyó que seguiría apoyándola en su *"pobrecita yo"*.

A menudo la gente se confunde y tiende a echar culpas, siempre buscando un por qué, *"¿por qué a mí?"*, haciéndose la víctima y deseando ser compadecida, sin querer solucionar el problema, sin tratar de cambiar lo establecido. Entiéndase que no hay cosa que no se pueda solucionar si existe amor, pero el verdadero amor; si damos amor perfecto recibiremos amor perfecto.

Así que si no has recibido lo que has querido, quizás debas revisar bien qué clase de amor es el que estás dando.

He seguido de cerca la vida de Lily porque la conozco de años, por lo tanto puedo ver desde afuera en dónde están sus errores, y digo errores porque ella no los ve, y se la pasa todo el tiempo esperando que su esposo reaccione de la manera que ella misma alucinó, como si fuera cosa de magia o de cuento de hadas, como una película de Walt Disney, y no es así. Lo peor del caso es que no se da cuenta.

Por ejemplo, cuando recibió su casa tenían poco de casados –cosa que es difícil para muchos en estos tiempos– pero mi amiga no se quiso ir de inmediato, sino que quiso seguir viviendo en la casa de su mamá, ya que su mamá les lavaba la ropa, les hacía lonche a los dos, cuando llegaban del trabajo ya les tenía la cena lista... en fin, les hacía todo. Ya muchos hubieran querido tener una casa propia, pero ella no lo pensó así, vivió con su madre casi tres años, siempre teniendo algún pretexto para no irse a vivir a su casa nueva, cuando pudo haber disfrutado su vida marital sola con su pareja, que como se sabe no es posible intimar en una casa donde viven más personas, y mucho menos cuando son tus padres, no es la misma intimidad, y eso es indispensable en la vida de casados, siempre tenemos que tener nuestros detallitos sexys y candentes para mantener viva la flama, pues créanlo o no, el triunfo en la vida empieza desde ahí, al sentirte plena y llena de energía, en completo equilibrio. Hacer el amor no es tan sencillo, es todo un ritual donde primero se enseña a disfrutar del placer, a conocerlo, para luego poder darlo, así que mi amiga no tuvo eso con su esposo, descuidó una parte fundamental que debe estar bien cimentada para la llegada más adelante de los hijos. Y así fue, tuvieron un hijo y las cosas siguieron igual: su mamá cuidaba de él para que ella siguiera trabajando, aparte les lavaba la ropa, les hacía el lonche y cuando llegaban hasta les hacía de cenar porque llegaban cansados. En varias ocasiones me tocó ver cómo su esposo insistía en cambiarse de casa y ella decía que estaba muy lejos. Jorge su esposo trataba muy bien a la mamá de Lily, creo que mejor que a ella ya que la señora era una buena persona y él veía cómo se las arreglaba para ayudarles a todos sus hijos, por eso él no comprendía cómo mi amiga le daba a su madre el trabajo que a ella le correspondía, porque digo, yo no hubiera permitido que mi madre lavara lo de mi marido, no se trata de abusar. Entonces, ¿para qué se casó?

Jorge tenía detalles, cosas buenas que muchos no tienen y que a la vez muchas quisieran, éste cuidaba de su suegra, la llevaba al médico y hasta le daba dinero para que se fuera de viaje junto con la mamá de él. ¿Ustedes creen? ¿Quién no quisiera que las cosas entre consuegras fueran así?

Lily no había entendido que las mujeres que trabajamos en oficinas y que somos madres tenemos el doble de trabajo porque tenemos que ser responsables en ambos compromisos, así debe ser. Debemos estar conscientes de que para llevar una vida con más comodidades hay que hacer sacrificios, además de trabajar en equipo en las labores de la casa, cosa que no quita nada y sí nos hace más conscientes de lo que tenemos, donde nadie es dueño de nadie, no se trata de tener sirvientes sino de ser parejas conscientes que deben enfrentar una nueva etapa, llevar a cabo el compromiso que adquirieron y llevar *"juntos"* las responsabilidades —que siempre que las compartes, la carga se hace más ligera.

Creo que dejó pasar mucho tiempo para que se diera cuenta de que los defectos de su esposo eran insignificantes contra sus virtudes.

No le doy todo el crédito a él porque para que haya problemas se necesitan dos y Lily acabó con la paciencia de él, eso sin contar que la mayor parte del tiempo se la pasó comparándolo. Mi pregunta de por qué se casan las personas estaba contestada.

Bueno pues la mayoría *"porque llegan a la edad en la que quieren una pareja"*; otros porque como decía una amiga, *"es que me saqué el ramo"*; otros, *"porque ya tenemos cinco años o más de novios y... ¿qué es lo que sigue?"*; otros, *"porque para tener sexo se necesita estar casado para estar bien con Dios"*, etc.

Creo que somos ingenuos al pensar eso, y nos pasamos esperando que nuestros días de casados sean como en las películas... *"Y vivieron felices para siempre"*. La realidad está muy distante de eso.

Lily tuvo todo para poder ser feliz, se casó sin prisas, con buenos puestos de trabajo los dos, con casa propia, carro, las familias políticas sanas, sin malos recuerdos ni daños, muchas hubiéramos hecho maravillas con todo eso y más. Pero lamentablemente no vemos las cosas hasta después, tras la decepción, cuando se han roto las expectativas y los sueños.

Recuerdo una vez, cuando ellos ya tenían muchos problemas y estaban a punto de separarse, que ella me pidió ayuda, quería reconquistar a su marido porque se dio cuenta que éste estaba a punto de "tirar la toalla" y dejarla. Me llamó porque se acercaba el cumpleaños de él, y quería intentar hacer algo diferente para recuperar su cariño porque la verdad es que sí lo amaba, a su modo, porque pocos sabemos amar y siempre se está a tiempo cuando se tiene bien definido qué es lo que se quiere, lejos de comparar y desear lo de los demás sino esforzándose por diseñar tu pareja, y con la que se debe ser una unidad y así conocer los caminos. Después que le expliqué eso me pidió un consejo para motivar a su esposo y prometió poner todo de su parte para darle un cumpleaños diferente. Yo le dije que tendría que hacer un gran esfuerzo pues los actos de un sólo día no pueden cambiar los años desperdiciados, es como si tomaras un papel nuevo en tus manos y lo arrugaras y estrujaras y luego quisieras volverlo a dejar como estaba, eso es ya imposible, así queda nuestro corazón con las heridas. Sin embargo le sugerí una idea para probar si en realidad estaba dispuesta a hacer algo inusual, le pedí que faltara a su trabajo ya que en 8 años jamás había faltado, era una mujer muy obsesiva en ese aspecto, le importaba más quedar bien con su jefe que con su marido. Era muy responsable, por eso me atreví a pedirle que mandara al diablo un día de trabajo para pasárselo con su esposo ya que el cumpleaños caía en un día laboral y pues no iba a ser normal que ella faltara, así su esposo se sorprendería al ver lo que ella haría por él con tal de pasarla juntos en un día tan especial.

Ojo, lo hice más que nada para probarle a ella que no era capaz de poner a su familia en primer lugar antes que el trabajo, porque en la escala de valores, ella lo tenía definido de otra manera, quise que probara otra idea para que viera los resultados, como a veces es preciso hacer cuando las cosas no salen a tu gusto, quizás haya que cambiar las formas y el estilo para obtener lo que uno quiere.

Le recomendé algunas recetitas y detalles para que Jorge quedara satisfecho y pues se llegó el día. Lily me llamó en la noche y platicamos de lo que había sucedido.

Mi sorpresa fue tal que aún no alcanzo a comprender por qué el ser humano pide cambios y cuando los tiene, fácilmente se va tras otra cosa. Quizás porque es un niño que no sabe lo que quiere y que hace sus rabietas llamando la atención. Fue ahí donde vi que hay en el individuo muchos *"yos"*, muchas personalidades que lo dominan, y mientras uno quiere una cosa al rato viene otro *"yo"* que no sabe lo que pidió el primero y hace otra, y traen así su vida de arriba para abajo gastando inútilmente las pocas energías que generan y que se necesitan para poder crear armonía.

Lily me platicó que cuando le dio la sorpresa de que se pasarían el día juntos, él no lo podía creer, se puso feliz, y hasta ahí iban bien las cosas, hasta que después le habló un cliente a quien le *"urgía"* que le llevara un producto –porque ella también se dedica a vender artículos para adelgazar– que era necesario que fuera porque no podía esperar más, y ¿qué creen?... Pues allá va mi amiga a la casa de su cliente, junto con su esposo, primero la venta antes que el cumpleaños, y se tardó ahí dos horas… ¡Dos horas!

¿En verdad quería pasarla con su marido? Me pregunto yo.

Después le llamó su jefe, y platicó con él por teléfono de los pendientes de la oficina. Que si esto, que si aquello, o sea que se llevó la oficina a su casa. Y cuando ya dejó tiempo para su esposo le dice: *"Ándale gordo, déjate hacer algo que te va a gustar ¿me das permiso?"*

Hasta el romanticismo se le olvidó, y aún así viene con su carita de *"pobrecita yo"* diciéndome que las cosas no le había salido como ella había imaginado.

¿Por qué las personas nos empeñamos en tratar a nuestras parejas como si fueran muñecos o títeres que les movemos los hilos a nuestro antojo? ¿Por qué se exige más y más cuando no se da nada? Pedimos todo el tiempo que se nos trate bien cuando uno trata a los demás como basura. Lo que tenemos en casa es producto de lo que fabricamos nosotros mismos con nuestros actos.

Es imposible que las personas reaccionen como esperamos, precisamente ahí está el error: en esperar. Esperamos y esperamos y luego nos quejamos cuando no se nos da lo que pedimos, sin darnos cuenta que nuestro deber es el dar sin esperar. Cuando te preocupas por dar a tu pareja lo mejor y siempre estás al pendiente de lo que necesita, cumples con tu compromiso y haces tu parte, cuando tengas eso bien definido empezarás a vivir en paz. Tu regocijo debe estar en hacer lo que debes y no lo que quieres, porque sólo vive libre aquel que hace lo que debe para no traer tras de sí culpa alguna, por lo tanto no está inquieto ni incómodo, ni está deseando lo de los demás, cuando se deja a un lado el egoísmo las cosas solas toman su lugar.

Lily es el retrato vivo de su madre, de lo cual ella no se da cuenta, yo le di mis consejos para que ella no viva lo que su madre vivió, y más aún para que su hijo no haga lo mismo con su esposa el día de mañana ya que esto es una cadena de actos y está más que comprobado que lo que críticas, lo que aborreces, lo terminas haciendo. Lamentablemente hay mujeres a quienes les gusta la flagelación y el masoquismo y se la pasan todo el tiempo justificándose sin ver su culpa, a esas personas es difícil cambiarlas porque interiormente quieren tanto a esa falsa personalidad, a su *"pobrecita yo"*, que no saben actuar sin ella ya que las domina y por lo tanto les falta coraje.

Les gusta sentir compasión de sí mismas. En el frío mundo, no hay tiempo para lamentaciones.

Si tú alguna vez has hecho lo mismo, obsérvate y cuida de ti, no seas esclavo de tus actos para que el día de mañana no te arrepientas ni te lamentes, duele voltear a verse a uno mismo y decirse la verdad, pero creo que es mejor eso a vivir engañada y deseando un príncipe que nunca llegará. A ti amiga, cuando dejes de querer a tu *"pobrecita yo"*, y la mandes lejos, podrás disfrutar la vida que te está esperando...

"Preferí un día ser lluvia
A quedarme sólo a ver llover".

Capítulo 3

"En el fondo es bueno"

Tengo una amiga a quien conocí cuando yo tenía 22 años y ella 31. Empezó por ofrecerme su amistad, la admiré desde un principio por su ternura y sencillez, además de ser una mujer muy guapa que acaparaba las miradas de todos y eso me llenaba de emoción. Vivimos momentos tan maravillosos que quizás tendría que hacer un diario de nuestras ocurrencias ¡ah, ha sido una gran amistad!

Para relatar este capítulo he tenido que esperar y esperar, debido a que es acerca de una personita que quiero mucho y quiero relatar esta parte de mi vida tan vívidamente para que te pueda servir en tu vida. Ojalá que lo guardes como un secreto entre amigas porque es una historia realmente conmovedora y como ésta hay tantas en el mundo, pero cuando le pasa a alguien cercano a nosotros, ¡ah, cómo duele! Estoy segura de que si la conocieran se encariñarían con ella y juntas haríamos fiestas, ya que a mi amiguita le encantan las fiestas. Tiene dentro de sí tanta alegría reprimida, que es como un campo minado, cualquiera diría que está a punto de explotar, se han aprovechado tanto de ella y de su cariño, por tener un gran corazón, que no la han sabido valorar, nadie se imagina de lo que ella es capaz de hacer por cambiar y decir un día, finalmente, hasta aquí. Quizás ese momento llegará cuando ella admita su parte de culpa en ello.

Cuando la conocí, mi forma de pensar era muy distinta a la de hoy, ella vivía cerca de la casa de mis padres y desde el primer día me invitó a platicar. Creo que se sintió bien hablando conmigo, además de que a las dos nos encantaba bailar, la admiraba mucho, porque era una mujer divorciada con 3 hijos y los sacaba adelante con sacrificios, aún no sabía su historia, como les decía apenas nos estábamos conociendo y las cosas se fueron dando poco a poco, pero me impresionaba cómo se expresaba de un hombre al cual ella amaba demasiado, y a quien aquí llamaré E.

La plática acerca de él salía por doquier… que si el aire olía a E… que si un lugar le recordaba a E… Su plática giraba en torno a eso la mayor parte del tiempo, en ese entonces no entendía yo por qué, me fui dando cuenta de que él sólo la visitaba por las noches, se veían en secreto, sólo a ratos, llegué a pensar que era casado, pero no era así. Él le llamaba a cada rato como fiscalizándola, era un hombre muy celoso e impulsivo, de carácter fuerte y dominante, eran personas totalmente distintas y eso era lo que me intrigaba de la situación. ¿Cómo fue que se enamoró de un hombre así?

Ella se preparaba para recibirlo de una manera especial, lo adoraba, era una mujer muy sensual, y utilizaba lo que fuera para atenderle de la mejor manera, que se sintiera a gusto y regresara a la noche siguiente. Cuando todo había salido bien era un motivo para celebrar y nos la pasábamos celebrando, riendo todo el tiempo, escuchando canciones que le recordaban cualquier momento de intimidad, mientras veíamos crecer a nuestros críos.

Pero cuando E no estaba de humor la hacía sentir muy mal, peor que un estropajo, discutía con ella por la más insignificante cosa culpándola de todo, y maltratándola psicológicamente, insultándola y recordándole un pasado que yo no entendía y del cual ella se culpaba, aceptando en silencio todo lo que él le gritaba. Y ella sólo se quedaba llorando. Yo me preguntaba cómo podía tratarla así cuando ella vivía y respiraba sólo para él, cuando se preocupaba más por él que por sus hijos, cuando no dormía pensando en qué hacer la próxima vez para impresionarlo… era un amor sin medida y desinteresado porque mi amiga jamás le exigió nada, jamás le pidió ni un quinto, sólo su amor. Además era incondicional, porque él podía llegar a cualquier hora, llámese 2 ó 3 de la mañana, ella estaba siempre disponible y así lo aceptaba.

Ella me platicó que su hija la más chiquita era de él y que la tuvo sola, en una situación muy difícil, porque tuvo que tenerla en secreto, nadie sabía que estaba embarazada de E, ya que estaba separada de su primer esposo desde hacía tiempo, y no iba a verse bien que ella tuviera un hijo de otro cuando aún no estaba divorciada, pero para el amor no existen esas condiciones ni cláusulas. E tuvo que irse al extranjero debido a que el negocio que tenía en la ciudad no había resultado y pensó en irse a buscar suerte, ella tuvo a la niña y a su familia no le quedó otra opción más que aceptar las cosas, nunca le dijeron nada con respecto a él, si se iba a hacer cargo de la niña, o si la reconocería legalmente. Nadie dijo nada, así que ella enfrentó sola la responsabilidad.

E la dejó sola en esa situación y se fue con la intención de conseguir más dinero, empezó a enviarle los giros de dinero y todo iba bien hasta que llegó una carta de él diciendo que regresaba y ya no volvió a enviar nada, al poco tiempo dejó de escribirle, ella seguía siendo fiel a su recuerdo y a su promesa de regresar y cuando ya estaba preocupada por saber de él, y saber qué le había sucedido, se le ocurrió llamarle a un hermano de E, el cual le contó mentiras, que ya se había olvidado de ella y que no pensaba regresar, que cómo se le ocurría estar esperándolo, creyendo que se casaría con ella si él no se quería ni a sí mismo y muchas cosas más, ése fue el motivo por el cual mi amiga rompió los lazos y su amor se convirtió en desilusión y odio.

Ahí pude comprender por qué cayó en la locura y aceptó como un hecho consumado un destino miserable. Cuando una persona ama a otra a tal grado, más que a sí misma, cae en un total desequilibrio y pierde todo sentido de la realidad, y se aferra a algo que no es bueno para sí. Comprender así este cariño era por demás razonable. Las personas que estuvieron a su lado en aquel tiempo comprendían lo que significaba para ella perderlo.

¡Oh pobre niña! Cómo pudiste sobrevivir a eso, por qué razón ensañarse de esa forma contigo, a quién le hiciste tanto daño para merecer eso.

Y fue en aquel tiempo que ella quiso olvidarlo con otra persona... muchos han hecho lo mismo cuando fallan a sus sentimientos, cuando quieren sacar a toda costa de su vida a alguien que no merece su cariño, y se entregan a otra persona sin amarla. Ella pensó que le funcionaría, pero los resultados no fueron los que esperaba y cayó en una depresión mucho más grande por el odio que le tenía a E en ese momento. Este hecho era por el que tuvo que pagar y del cual se sentía culpable por haberle sido infiel.

¡Pobre niña! ¿Hasta cuándo creerás esto?.

Cuando E regresó, le echaba en cara todo el tiempo lo sucedido, siempre fue él la víctima, siempre fue él el lastimado, el incomprendido y el que tuvo la razón, y mi amiga en su desequilibrio emocional, porque no puedo llamarle de otra manera, lo aceptaba como un castigo, y me decía: *"En el fondo es bueno"* y *"yo le fallé"*.

Dios siempre está ahí observándolo todo y manda a sus ángeles para ayudarnos, ella siempre tuvo el apoyo de familiares, amigos, vecinas, por su carisma y gran corazón. Más de uno hubieran dado lo que fuera porque ella los amara pero lamentablemente su corazón estaba encaprichado en ese hombre que no la comprendía ni valoraba su cariño, y aunque yo no aceptaba esa situación escuchaba sus relatos, creo que era nuestra amistad, aquella que no se aburre de escuchar la misma historia, una y mil veces. Hasta que un día me decidí a actuar y no dejar que ella se pasara todo el tiempo hablando de un recuerdo, como una muñeca repitiendo la misma canción, y le dije que para que ella tuviera todo lo que anhelaba de él necesitaba cambiar su manera de ser, necesitaba urgentemente levantar su autoestima si aún quería tener a ese hombre. Para ella siempre existían las palabras *"En el fondo es bueno"* y yo no podía sacarla de ahí, trataba de justificarlo todo el tiempo dándome mil razones de por qué actuaba así.

No hay peor ciego que el que no quiere ver, y una vez más le pregunté si quería hacer el último intento y acepté, cambiamos la actitud primero y empezamos por ver un mundo más distinto, aún no tenía yo la preparación adecuada pero me dejé guiar por mi instinto y le ayudé en lo que pude. Recuerdo que una Navidad hicimos un pacto, le dije: *"Pide todos tus deseos y empieza a llenar tu pinito de Navidad".* Jesucristo siempre escucha: *"Al que pida se le dará".* Y mi amiga no tenía nada más que su fe, siempre tuvo y ha tenido una fe ciega en mí, y nunca se ha desanimado, ni ha dudado de mis palabras por muy difíciles que eran en aquel tiempo.

Estos fueron sus deseos:

Que E reconozca a la niña;

Que un día vivamos juntos y ya no a escondidas;

Que él me dé mi lugar y que no tenga que ocultar mi nombre;

Que su familia me vea bien y me acepte.

"Bueno, éste último mejor no", me dijo, *"ya es mucho pedir"*, y lo borró. Para ella estos deseos eran milagros que no podían ser realizados, a decir verdad no creía en ellos, pero los deseaba con todo su corazón.

Aún así le dije: *"Llegará un día en que tus hijos ya no desearán lo de los demás, tendrán en abundancia para dar, tu hija recibirá el apellido de su padre tal como lo deseas, y más aún él la reconocerá como suya, haciendo un día las labores de un padre; vivirás en una casa cómoda la cual quieres y deseas y juntos comerán un día de la comida que preparas y se sentarán en tu mesa; llegará el día en que conozcas a su familia y ésta te acepte, vivirán en gran armonía, tu corazón limpiará todas las mentiras que él dijo un día de ti y reconocerán el amor que le has profesado; si ha de ser para ti se quedará a tu lado"*.

Aceptó y guardó sus deseos en las cartitas, creo que aún guarda todas las cartas que hicimos. Pasó el tiempo, Dios se encargó de poner orden a ese cariño y se cumplió mi profecía, él reconoció a la niña, las llevó a vivir a una casa que él había comprado desde hacía tiempo, y ella entró a la familia de E, y pudieron darse cuenta de lo mucho que ella lo amaba, y la incomprensible manera de querer de él, aunque debo reconocer que para cada cambio hubo una reacción de ella en la que se rebelaba y le discutía y él se enojaba primero y luego hacía lo que ella quería, de lo contrario seguirían igual o quizás él ya la habría dejado. Tiene ahora lo que pidió pero tuvo que cambiar su manera de ser para que él reaccionara.

Estando consiente de la situación y sabiendo que no me es permitido soñar ni idealizar y que debo hablar con la verdad por mucho que duela, puse los pies en la tierra, vi las cosas claramente y me di cuenta de que ella ha tenido culpa en permitir todo lo que le pasó, tuve que ser fría ante la situación y darme cuenta de lo denigrante que es ver que no se valora, porque vale oro, que no es posible seguir mendigando algo que debe darse solo. ¿Hasta cuándo?, me dije, ¿hasta cuándo me voy a permitir seguir teniendo lástima de ella? ¿Hasta cuándo voy a seguir magnetizándola y aceptar que vive de una manera tan pobre cuando puedo ayudarla a salir de ese estado y pedirle que luche con las fuerzas necesarias para no permitir más el atropello? Porque es cierto que ha cambiado mucho, de lo contrario jamás hubiera tenido lo que ahora tiene, pero ¿hasta cuando va a pedir algo para ella? ¡Oh por Dios! No es un objeto, es alguien que merece ser feliz, alguien que merece ser amado de una manera especial.

No amiga, no puedo permitirte aceptar ese estilo de vida, cuando vales mucho para mí. No puedo permitir verte como un perro al que dan su paliza sin más ni más y permanecer fiel.

No puedo aceptar como lápida tus palabras *"En el fondo es bueno"*. ¿Por qué clavarte esa estaca y apuñalarte el corazón? ¿Por qué torturarte así? ¿Por qué puedes permitir que él tenga amigas por doquier, amigos para todo, por qué el puede permitirse irse de pesca con ellos por días enteros o irse con sus amigas al cine y tú quedarte en casa cuando puedes acompañarlo? ¿Por qué puede ir y escaparse solo, lejos de todo dizque para poner en orden sus ideas? ¿Por qué puede irse a sus miércoles de bar, a los viernes de pachanga, eso sin contar las reuniones de los dichosos cumpleaños y de las llamadas fantasmas a su celular, así como recaditos amorosos, diciéndote todo el tiempo que se los envían a él para que se los pase a un amigo? ¿Cómo puedes creer eso y esperar tranquilamente tu turno? ¿Hasta cuándo vas a reclamar aquello que mereces? ¿Hasta cuando vas a luchar por lo quieres? O mejor dicho, ¿crees que sea eso lo que quieres? ¿Acaso con eso te conformas? ¡Despierta, por favor!

Las cosas han cambiado sólo de geografía, mira a tu alrededor, sigue siendo lo mismo, vives en la misma jaula, tú misma has mutilado tus alas. Recordé aquel elefante que se cree preso tan sólo por estar atado a una estaca, sin saber que tiene la fuerza necesaria para romper no sólo el madero sino hasta sus mismas cadenas. ¿Por qué no crees que tengas la fuerza necesaria para tener otro estilo de vida en el que puedas sonreír y ser feliz?

¿Crees acaso que te ama cuando él disfruta viéndote infeliz? ¿Es amor eso? Él ha sido un egoísta y sí es amor lo que siente, pero amor a sí mismo, y tú has aplaudido su manera de ser, ha sido humillante contigo y lo has justificado. Me pregunto si acaso *"En el fondo es bueno"*

¿son tus palabras de consuelo o es que quieres que esas palabras te digan que existe un cambio si hay fe?

Creo en tu manera de querer, porque sé cuánto has esperado por un cambio y porque te veo como un ser humano lleno de bondad, porque amas a todos, siempre piensas en los demás antes que en ti, por eso mismo la gente puede opinar y decidir por ti, ¿pero hasta cuándo dejarás que manejen tu vida?

¿Cómo puede alguien llamarse católico y comulgar sin remordimiento alguno, además de sentirse un ser privilegiado cuando ha sido un tirano?

Renuncio a esa tiranía, no puedo más que decirte que mis fuerzas se agotaron en tratar de enseñarte los caminos para hacerte ver que lo que tienes es por lo que has trabajado, pero ya he hecho mi parte, a ti te toca hacer la tuya ahora. Ciertamente dijo Jesús: *"El que tenga oídos, que oiga"*.

Una vez dijimos que viviríamos en un asilo juntas, ¿recuerdas? Pensaba yo acompañarte al precipicio. ¡Hasta dónde llegaba mi amistad por ti!

Hoy no amiga, hoy te digo que te abandono. Abandono ese estilo de vida porque no puedo permitirme malgastar mis energías inútilmente pues las requiero para mantener sano mi cuerpo, que es un templo, y alimentar mi espíritu. Hoy he comprendido el gran sacrificio que Jesucristo hizo por nosotros para que no sepamos valorarlo, hoy tengo un compromiso de vida, para dar a los demás, pero no para lamentarme y quedarme en una mecedora bordando y recordando cómo pude ser feliz un día.

No amiga, ya no más, viví el cáncer en mi cuerpo por sentir lástima de mí y hacerme la víctima esperando un consuelo, y la anemia a causa de mis depresiones y estados negativos y otras enfermedades por estar viviendo en una vida miserable y no es justo para nuestro Padre ya que él nos dejó todo para ser felices, como para vivir por caprichos.

Dios me dio la oportunidad, y tomé el tren de las oportunidades y di ese gran salto sin miedo, nada tenía que perder y sí mucho por ganar, hoy tengo un cuerpo sano y rebosante, de lo cual mi hijo se alegra de tenerme junto a él, no sabes qué dicha tan grande siento ahora, es por eso que pienso que si la vida dio para mí un giro enorme no puedo permitirme abandonarme otra vez.

El coraje es importantísimo para el cambio, pude sacar esa ira que había dentro de mí y he cambiado, perdoné y acepté que la gran mayoría de los seres humanos es inconsciente y que por lo tanto no están preparados, dejé de estar echándole la culpa a los demás y sané mis heridas al estar en compañía de personas que tienen el valor de enfrentarse a su destino con actitudes positivas.

Creo ciegamente que es posible cambiar si se quiere de verdad y tú que me conociste enferma sabes que no miento, no quiero verte así, ni a ti ni a nadie, es por eso que te pido que cambies, para que tus vibraciones no sigan en cadena y esto acabe aquí, no sigas destruyéndote. Enfrenta tus miedos de una vez por todas.

Date la oportunidad de cambiar y dásela a él, porque muchos valoramos lo que tenemos hasta que lo damos por perdido. Lo que no es para ti, nunca tendrá sentido. Acéptalo.

Dejo pues de magnetizarte al decir *"mi pobre niña"* y empezaré un nuevo día con las siguientes palabras:

"Mi valiente amiga".
"Mi hermosa amiga".
"Mi afortunada amiga".

Así el día que quieras hablar de temas positivos y agradables, cuando quieras empezar de nuevo, estaré ansiosa por escribir contigo una nueva historia.

Aquí te espero.

"Dejé mi diario un día
para dejar de soñar,
la vida no era como en mis cuentos
mas respiré el aire de libertad".

Poema a E

A ti que soñaste con ser querido

Y que en su tiempo el destino

Te negó a ser correspondido,

Pusiste un día una rosa en su balcón

E implorando su amor te rendiste a sus pies.

Si ella de ti se burló esa vez

Culpable no pudo ser,

De no corresponder a tu cumplido

Si en ese instante predominó

La vanidad de una mujer.

Ella ha pagado con creces

El error cometido, ha cedido, ha llorado

¿Cuánto más debe pagar su castigo?

Mas tú, tirano y cruel

Ahora a su amor no haces caso,

Y te burlas al dar sólo migajas

Las que dejas a tu paso.

No sabes que a amar

Se aprende siendo más sencillo.

Es más grande tu rencor

Que la importancia de su cariño.

Si alguna vez fuiste niño

Dime quién puso en ti ese dolo de venganza

Sin dar chanza a recapacitar

Aprendiste a condenar,

Y para ti no existe el olvido.

Si hay una pizca de humildad

Empieza por sembrar la semilla

Porque la ruleta de la vida gira.

Y la rosa que diste aquel día

Le han brotado filosas espinas.

Y ojalá no sea tarde cuando te des cuenta

Del amor que has desairado

Porque será tarde para lamentarte

Cuando todo haya acabado.

Capítulo 4

"En el pecado va la penitencia"

Muchas veces se ha hablado de la infidelidad. ¿Quién no la ha vivido de cerca? ¿Por qué entrará a nuestras vidas? ¿En qué consistirá esa curiosidad de conocer lo prohibido? ¿Será acaso porque no está permitido? ¿O simplemente la monotonía y la rutina nos hacen flaquear?

Una vez alguien comentó lo siguiente justificando su infidelidad: "Mira... es que son muchos los años con mi esposa, además están los hijos y pues uno no se da tiempo... ya no es lo mismo como cuando los años de juventud... y sientes emoción ahora al saber que aún puedes ponerte rojo y vibrar al disfrutar de la infidelidad".

Éste era el típico hombre que no pone atención a su casa, que se cansa del compromiso y le gusta la comodidad, el que vive de momentos, porque nunca está al cien por ciento ni aquí ni allá. Siempre me decía que era yo muy aburrida y una mojigata, que ni a los gusanos les iba a interesar comerme, yo me reía cada vez que decía eso, quizás lo decía porque no cedí a ninguna de sus pretensiones, no porque no quisiera, pues la verdad mojigata no soy, simplemente le soy fiel a mis instintos, a mis sentimientos y no me llamaba la atención, para mí él sólo buscaba divertirse, como el niño que está cansado de jugar con el mismo balón.

Su lema era: *"Coge ahora que el mundo se va a acabar"*. Nomás de imaginarme que él veía el amor y el sexo como tomarse un agua mineral me daba flojera, eso sin contar lo vulgar de su lenguaje. ¿Cómo iba a conquistarme, como dicen vulgarmente, si *"ni siquiera el calzón me sudó?"* Y no es difícil convencer a las mujeres de irse a la cama, sólo que a veces puedes ver un hombre muy guapo, con un buen carro, pero nada más abre la boquita y de labia no tiene nada… adiós la emoción y el suspenso.

Una amiga me preguntaba: *"¿Por qué cuando digo, "no debo fijarme en un casado, sólo hombres casados me pretenden?"* Ja, ja, ja…

Mi amiga decía que un casado no, pero eso era lo que por dentro deseaba y su subconsciente grabó esa idea; muchas de las veces así sucede, decimos que queremos algo pero pensamos otra cosa y eso es lo que obtenemos, porque es más fuerte el subconsciente. Ella no se daba cuenta de la emoción que sentía al hacer lo prohibido, seguía repitiendo los mismos hábitos de niña cuando su mamá le decía que no debía ver la tele muy noche, ella simulaba dormir, pero prendía la televisión a las 11:00 de la noche y veía los programas más fuertes, así que pensaba que podía engañar a sus padres y, aunque supiera que estaba desobedeciendo, era un reto para ella, por eso sigue haciendo lo mismo de grande.

Otra en cambio en una ocasión llegó molesta a una reunión de amigas diciéndonos: *"¡Maldita la mujer que anda con mi marido, es una cualquiera, pero no me rebajaré, que hagan lo que quieran, yo soy y siempre seré la esposa!"*

¡Ah, qué mi amiga, en sus laureles se dormía! La que hacía de comer, la que lavaba, planchaba y la que estaba al pendiente de la familia era la sirvienta y no ella. Ella se la pasaba de compras, en té canastas, reuniones… no recuerdo que hablara de su esposo para bien, siempre estaba quejándose de él, siendo que él era un hombre que siempre la halagaba, para él era su princesa porque mi amiga es una mujer muy guapa, pero ella nunca quería estar con él, siempre sacaba pretextos, al menos eso nos decía, así que comprendo ahora por que él decidió refugiarse en otra mujer debido a que ella tenía el clásico dolor de cabeza o migraña. Y nos decía: *"Yo creo que el amor se acabó, ya no siento nada por él, a mi edad ¡qué flojera empezar una relación!"*. Creo que esto parte desde un principio que nadie ha analizado y que es lo que comentaba, ¿cómo puedes ser fiel a una persona a quien no amas?, a alguien con quien te casas nada más porque sí, con quien no haces un verdadero compromiso de llevar a feliz término ese convenio llamado matrimonio. La mayoría tiene un interés material, un bien común, hablan mucho del amor pero en realidad no saben amar. Amamos de una manera egoísta: *"Si me quiere, cedo"*, *"si me quiere doy"*, *"si me quiere cambio"*, *"si me apoya estoy"*, *"si no me habla no lo molesto"*, en fin, es un amor condicionado. No digo que así sean todas las parejas pero sí la mayoría, yo misma no lo sabía, pero sí lo reflejaba porque no me amaba lo suficiente, por eso ¿cómo podía amar yo y pedir que me amaran si no sabía dar y expresar ese sentimiento? Y la mayor parte del tiempo ves el amor como en las películas, de una manera tan romántica que nada tiene que ver con la realidad.

El amor es sacrificio, es la verdad, es la lucha para estar en equilibrio interior y transmitir ese equilibrio al exterior, llegar a él no es nada fácil, se sufre mucho para poder estar ahí, pero debe ser un sufrimiento consciente que bien vale la pena; además, empezándose a amar uno mismo todo es mucho mas fácil y espontáneo.

Es por eso que, cómo se iba a defender mi amiga o a luchar contra la infidelidad si ni siquiera conocía el amor. Entonces ¿se puede hablar de infidelidad cuando no hay amor entre la pareja? Es una pregunta que siempre me hice hasta que comprendí que no puede haber infidelidad si tienes en cuenta siempre tu meta, tu compromiso.

Había la negada de siempre, la *"yo jamás"* que decía: *"Están tontas, ¿qué esperan? ¿Migajas?... Yo jamás andaré con un casado, ese tipo siempre te va a venir con el cuento de que en su casa no lo comprenden, no lo apoyan. Te tendrá siempre a escondidas y nunca tendrás un lugar. ¡Qué flojera de un amor así, en pedazos! ¡Qué horrible, esa no es vida!"*. Vivía angustiada todo el tiempo y siempre se quejaba de las cosas, recuerdo que estaba algo amargada, todo juzgaba y tanto criticaba que no se permitía disfrutar, se sentía muy segura, pero el destino le calló la boca. Porque siempre que uno habla de más, sales seleccionada. Y así fue, recuerdo que a los pocos años de enviudar conoció a un hombre maravilloso que le daba mucho cariño y apoyo, que la trató con una ternura única y especial. Él la consentía y chiflaba como a una niña, poco a poco su aspecto cambió, salió a la luz su sonrisa y su cuerpo ni se diga, ¡se veía sensacional! Empezó a dedicarse tiempo y a darse sus gustos que parecía muñequita de aparador. Este hombre se empezó a preocupar hasta de sus más insignificantes deseos y a cumplirlos al instante. Imagínense, ¿quién no cae en una trampa así? Ella apenas sí podía creerlo, me platicaba que sentía vivir un hermoso sueño del cual no quería despertar. Y le dije: *"¿entonces qué es lo que te preocupa si está todo tan perfecto? Olvídate del qué dirán"*, pero se quedó seria y con tristeza me dijo: *"Es que tiene un defecto... ¡Es casado!"*

Mi amiga creía que podía encontrarse un soltero de 50 años… ¿alguien que fuera virgen y que sólo fuera para ella o qué?… ¡Uy! Pues de ser así no sería tan maravilloso como lo era, no comprendía que estaba hablando de un hombre de mundo que sabía ver los gustos de una mujer, un hombre que se deleitaba con verla sonreír y que tenía los medios para hacerlo.

Él era casado, sí, pero no dejaba de dar a su casa como muchos hacen; este hombre tenía el suficiente dinero para tener a su esposa de la mejor manera y a sus hijos igual, estaban bien, él llevaba una relación muy buena de familia, por eso nunca hubo mentiras ni chantajes para acercarse a ella, para llamar su atención como muchos hacen dando lástima para que la mujer caiga por compasión, él simplemente conoció a mi amiga y no le interesó nada más que hacerla feliz, en lo que fuera, ése fue su único delirio.

No pudo evitarlo, no fue algo que planearon, se dio simplemente, y mi amiga no lo censuró ni le puso condiciones, sino que se dejó querer, y no le importó que se vieran a escondidas. Ella se sentía apenada porque era casado y sentía que le estaba haciendo daño a la esposa de él, pero no era así. Él vivía en armonía con su esposa, sus hijos no sospechaban de nada porque era un hombre discreto y no lo iba a andar divulgando para ganar popularidad, ni tampoco andaba celándola a ella, él era feliz viéndola sonreír como una niña que de pronto tiene todo lo que un día soñó.

Le recomendé que sólo disfrutara y no pidiera más de lo que le pudieran dar y así fue: no exigió, no dañó, no se comprometió ni mintió en cosas que no iba a cumplir, vivieron intensamente su momento. La actitud madura del amor sin esperar. Lo importante de aquí es que nunca sabes de dónde provenga tu felicidad, ella no estaba dañando a nadie porque nunca hubo promesas del tipo *"Hasta la eternidad", "Soy tuya hasta la muerte"* ni presiones como: *"Deja a tu esposa y escógeme a mí"*, etc. Simplemente se dignó a disfrutar lo que tanto le hacía falta.

La verdad yo prefiero verla así a como estaba antes, nomás de acordarme me da pena. Ahora es distinto, es una niña que baila, ríe y canta; se pone blusas sexys, ya no critica ni juzga, ya mejor se queda calladita; y claro, siempre que puede nos invita a tomar unos tequilas para recordar aquellos tiempos. La soledad que ella tenía era muy dura y ni estando en el lugar de ella podemos juzgar. La soledad para aquellos que la han vivido puede destruirte o guiarte, nadie sabe la receta exacta de cuánto tomar, yo sólo puedo hablar de lo que viví de cerca y de lo importante que es para el ser humano sentirse querido: cómo es vital para muchos una caricia a tiempo. Ella iba poco a poco muriendo en un recuerdo, al morir su esposo ella quiso irse con él, porque se sintió sola y sin apoyo, pero dónde quedaban las demás personas que aquí la necesitaban como su hijo. Qué bueno que ella respondió a esa prueba tan difícil y hoy en día es una mamá *"a todas margaritas"*; compañera, divertida, aventurera y una excelente amiga. He escrito estas líneas porque ella me lo pidió, me dijo un día:

"Amiga: Diles a todas aquellas mujeres que creen que la vida termina cuando se nos va un ser querido que están equivocadas, es sólo un capítulo que concluyó. La vida es un regalo maravilloso que Dios nos ha dado y es pecado no saberlo aprovechar. Aprendamos a disfrutar cada instante y a vivirlo intensamente como lo he vivido yo".

Si en el pecado va la penitencia… ¿Quién no apuesta todo, sólo por hoy?

Claro que hay de infidelidades a infidelidades y no vamos a cegarnos en ello, hay que hablar de la verdad con la verdad. Para redactar este capítulo era conveniente reunirme con mis amigas y platicarles, explicando lo importante que era llevar a más personas nuestras experiencias para que pudieran servirles de algo en un momento dado. Yo conté con el apoyo de ellas porque, gracias a mis consejos y compañía, juntas habíamos enfrentado varias situaciones y era importante dar a conocer estas experiencias. Quién dice que quizás un día te encuentres en determinada situación y no cuentes con una amiga cercana o en alguien seguro en quien confiar.

Pero así como existen experiencias buenas y malas de la infidelidad hay las *"infidelidades chuscas"*, aquellas que nos dan la banderita, el premio gordo, esas que hacen que nos brinque el corazón de la risa y la diversión. Aquellas experiencias que no pueden faltar en las reuniones de amigas, cuando después de un buen trago sientes la confianza para platicar. Quiero relatar la experiencia de una de ellas, a quien por ser la más discreta se nos hacía increíble creerlo, pero la infidelidad la hizo transformarse. Recuerdo que mi amiga Heli era de las más guapas pero también la más triste, participaba y todo pero no reflejaba interés, era sólo que no quería dejar de juntarse con nosotras porque éramos su paño de lágrimas, hablábamos, nos divertíamos… A pesar de tener un excelente cuerpo, bonita toda ella, le faltaba esa chispa de amor, estaba casada y su esposo, quien era una buena persona, no era guapo, pero sí un ángel de carisma todo él y tenían tres hijos. Heli era, ya saben, la típica mujer que se refugia en los hijos y todo lo demás; su esposo era de esos que adoran a la mujer, pero que no la tocan para no quitarle la belleza, nunca la forzaba a nada. Ella nos contaba que le costaba trabajo acostarse con él, y siempre trataba de fingir alguna excusa para no hacerlo. Así que mi pobre amiga estaba de lo más aburrida, tanta belleza desperdiciada y no entendía yo por qué, digo si no te atrae tu pareja, si no lo quieres, para qué hacer la maldad y seguir ahí. Ella no hacía nada por cambiar, todo se había convertido en rutina, no había algo que la motivara, se la pasaba envidiando a los demás, como que a ella le hubiera gustado que su esposo tuviera mucho dinero porque quería verse llena de joyas, con un buen carro y por supuesto con dinero para operarse alguna parte del cuerpo nada más por competir, porque la verdad es guapísima y si decía que no tenía dinero era porque siempre se la pasaba viendo lo que tiene el de enfrente, porque su esposo es abogado y gana muy bien, pero una mujer insatisfecha nunca está contenta y siempre quiere más. La gloria se le hace poco.

Le pasó algo muy chistoso que hizo que cambiara el rumbo de su vida, aunque no lo crean esta acción hizo que ella recordara los viejos tiempos con su esposo y volvieron a ser el matrimonio de antes, juguetones y divertidos. ¡Las cosas que tiene la vida que lo hacen a uno cambiar! Un día enfermó de *almorranas*, ya se han de imaginar lo latosas que son, ella no las aguantaba, era tanto el dolor que no podía con ellas, ya se tomaba unas pastillas y otros remedios y nada que se le quitaban, así que fue al médico. Recuerdo que ella odiaba estar en los hospitales, le daban pavor, pero como era tanto el dolor no le importó y fue. Llegó al dichoso hospital, pasó una hora y media… ya estaba desesperada porque, como saben ir al hospital regional consume mucho tiempo y no te atienden inmediatamente, así que ya estaba a punto de retirarse cuando de pronto una voz de adentro del consultorio se escuchó: *"El que sigue"*. Entró deprisa, ansiosa porque le dieran el medicamento y poder retirarse inmediatamente de ahí pues la incomodaba el dolor, pero al entrar y ver hacia su izquierda ¡válgame la virgen!... Cuando vio al doctor quedó prendada, imagínense, era un hombre de tez blanca, ceja poblada, con ojos verdes grandes rodeados de unas lindas pestañas que realzaban lo impactante de su mirada, de ésas que te desvisten, tenía unos labios carnositos, además una cabellera espectacular como los modelos de Calvin Klein… ¡Flechazo a primera vista!... Fue tanto el impacto que no se acordaba ni por qué había ido a consultar, fue muy chistoso porque mientras él le iba pidiendo los datos, como su nombre, dirección, peso, etc., ella estaba paralizada… hechizada, mejor dicho. Él le pidió que se sentara pero sin voltear a verla porque seguía escribiendo, creo que para él era un día más de enfermos, pero cuando al fin el doctor la vio y alzando su cara le dijo: *"Bueno dígame usted, ¿en qué la puedo ayudar?"*, ¡Dios bendito!... Él también quedó paralizado. Heli estaba muda, desconcentrada y se decía a sí misma: *"Claro que me puedes ayudar y mucho, papacito"*. Ja, ja, ja… aún me acuerdo y me río, porque ella normalmente no es así de atrevida, sólo que era el hombre ideal con el que siempre soñó, de los clásicos hombres con quien toda mujer fantasea, ese modelo que sólo existe en nuestra imaginación y que muy remotamente llega a aparecer en nuestra vida, que no esperas que llegue un día a estar frente a ti. Así que cuando regresó mi amiga a tierra, ya dejando de soñar y alucinar, se acordó de su problema por lo que la expresión de su cara cambió y se sintió incómoda, estaba muy apenada, no sabía cómo decirle a él lo que le pasaba porque no quería que él le viera esa parte… Ja, ja, ja… ¡pobre de mi amiga!… iba a ser un encuentro demasiado rápido, ¿no creen? Total, no le quedó más remedio que decirle y él, por supuesto, no sabía ni qué decir, de repente ver a una mujer guapísima, quedarse clavado y pensar que iba a tener la oportunidad de conocerla completita… nunca se imaginó que sería el momento de conocerse más a fondo, creo que fue un gran encuentro y súper chistoso. Le dijo: *"A ver, acués-ta-te… digo, acuéstese y relájese"*, tartamudeando. ¿Puedes creerlo? Cómo se iba a relajar mi amiga, si no era tan sencillo, eso sin contar lo vergonzoso que es para una mujer tener un problema precisamente en esa parte tan incómoda.

No le quedó más remedio que hacer lo que le dijo el doctor, ella notó que él mismo se sentía incómodo, se dio cuenta de que no le era indiferente porque no podía revisarla, estaba temblando y no es normal, tomen en cuenta que los doctores antes que doctores son hombres y sienten. Él también se sintió atraído por la belleza de Heli así que no sabía ni cómo tocarla, parecía como si los dos fueran unos adolescentes intentando hacer una pirueta.

La consulta empezó con ese problemita pero ambos se dieron su tiempo para platicar. Por supuesto que no era cómodo platicar en esa posición, así que la plática siguió cuando mi amiga se vistió. Agarraron la plática cuando estuvieron más relajados, como si se conocieran de toda la vida, la consulta duró mucho, platicaron de muchas cosas. Pobres de los demás pacientes, ya estaban incómodos, hasta la señorita de la recepción había entrado dos veces a ver qué pasaba, al doctor no le quedó más remedio que despedirse al menos por ese día de mi amiga y citarla a la siguiente semana. La acompañó hasta la puerta, los demás pensaron que había algo entre ellos porque tanto mi amiga como el doctor tenían cara de haber hecho una travesura. A mi amiga casi creo que ya ni le dolían las *almorranas,* al contrario las bendijo, no quería ni que se le quitaran para no dejar de ir a verlo. Nos decía: *"Sé que le gusté al doctor y él me encantó, pero cómo puedo tener una relación, si miren nada más cómo empezó".* Claro, porque él se enamoró del trasero de mi amiga; bueno, el amor no sabe de lugares, de comienzos, simplemente pasa. Él le dijo que le gustaría seguir viéndola y así fue, salieron y se divirtieron un par de veces. Lo bueno es que ella cambió mucho después de esto y le agarró sabor a la vida; la relación con su esposo mejoró, ella empezó a ser más divertida y llegaron a recordar momentos que creyeron que jamás volverían, divirtiéndose como dos adolescentes. Era como si hubiera tenido un muro frente a ella negando el contacto con el exterior, este hecho hizo que ella descubriera la chispa de la fantasía, de la atracción, de saber que tienes frente a ti a tu pareja y que puedes hacer con ella grandes cosas. Recuerda que la única persona que nos pertenece de alguna manera y a quién debemos ser fieles es a nosotros mismos.

Siempre que nos juntamos a hablar de todas nuestras ocurrencias recordamos y nos reímos cuando Heli cuenta lo chusco de su grata experiencia que le permitió salvar su matrimonio.

También hay anécdotas de romances muy lindos que hacen que haya esa chispa de luz en los ojos y que salte de emoción el corazón. No digo que sea bueno ni malo, simplemente me divierte cómo el hombre mismo se mete en líos sin tener razón. Pero bueno, al menos con esas rachas de buena suerte ellos cambian por un momento y son felices. Y si estas sacudidas sirven para que puedan ponerle candela a su vida, ¡bienvenida sea la infidelidad!

Volviendo con Heli, a ella no le importó si él tenía dinero o no, simplemente se presentó esa oportunidad y la aprovechó, la disfrutó sin importarle el tiempo que iba a durar, esa experiencia la ha hecho sonreír y darse cuenta de que no hay que decir *"Yo nunca"*, ya que nunca es demasiado, los caminos son tan extraños a veces que no sabes cuál sea el correcto, lo importante es que cada uno de ellos, por sencillo o problemático que parezca, siempre tendrá un propósito para ti.

Si dicen que en el pecado llevas la penitencia, yo aprendí que es peor cuando vives en penitencia por no aceptar algo que el mundo llama pecado y no lo es. El amor no tiene dueño, ni es esclavo, debe ser incondicional. Es un compromiso ligado a un sacrificio, donde sólo se gana al perder. ¿Qué perdemos? El egoísmo. Ya que el amor debe darse sin esperar nada a cambio, así de esa manera no se estará esperando a que los demás actúen como uno quisiera, teniendo cuentas internas (resentimientos) al no hacerlo. La mayoría de las personas quieren de una manera egoísta sin saber que lo que acorralas inconscientemente te preparas a perderlo. Enséñate a amar, ponlo en marcha, da sin esperar, sigue tus instintos, no temas ser rechazado ni juzgado, no temas a no ser correspondido, quien no valore tus sentimientos simplemente no es para ti. Amar de esta forma no es para todos porque nadie nos ha enseñado a amar así, aún y cuando tuvimos un gran Maestro: Jesús, que nos amó de esta manera y nos lo dejó como mandamiento, era precisamente porque era un gran esfuerzo, más la recompensa no tenía precio pues experimentarías la gloria en sí. Ve en tu interior y analízate sin piedad, descubre si a lo largo de tu vida les has sido realmente fiel a tus instintos…

"Si busqué alguna vez lo prohibido
fue por morirme de sed.
Si he de pagar algún castigo,
lo he disfrutado, y he revivido
y acepto cual sea el destino si es que en algo fallé".

Capítulo 5

Mamá, ¿de dónde nace el miedo?

*Ella lloraba inconsolablemente, era su única
ilusión;
para él era otra más a quien pudo engañar.
Pasa el tiempo y ella calla su historia, largo
fue el silencio entre los dos, pasan los días, pasan los meses y sigue la misma situación.
¿Qué llevará dentro esta mujer?
¡Pero si es casi una niña a quien le han roto el
corazón!
¿En qué se ha convertido el amor?
Es una linda nena que espera ansiosa el día en
que nacerá, sin embargo siente tristeza porque
oye cómo su madre llora día y noche en su eter-
na soledad, y tiene miedo que en un momento de
desesperación su madre pueda pensar si debe
dar a luz o decida mejor abortar.
Ahí crece su primer miedo y para su madre
igual: no saber si en realidad él la apoye en esta
situación o lo deba olvidar.
Ya en el último momento él se acerca a ella
para prometerle casarse pero sin nada que
esperar, reprochándole que si algo sale
mal, no le pida nada más.*

Y aún así acepta, pensando en la nena,

¡Qué recuerdo, qué día tan triste,

si para una mujer casarse con el hombre que ama es

el día mas lindo en su existir!

¿A dónde fueron todas sus ilusiones, dónde queda su

amor?

Renuncia a todo lo que un día pudo imaginar y comprende ahora que su sueño está muy lejos de la realidad, pero lleva adentro, muy adentro, la esperanza de que alguna vez las cosas puedan cambiar.

Y que esta niña que lleva en las entrañas le toque el corazón, a su papá, para que pueda amarla y su relación llegue a mejorar.

La niña nació y conquistó su corazón, el corazón de él y de los demás, y ocupó un lugar muy importante, el lugar que ella nunca ocupó, así que una vez más pierde el cariño que ella siempre deseó.

Pasa el tiempo, tiene otro hijo y se convierte en esclava de la casa y del quehacer.

Haciéndose la ausencia entre los dos más larga cada vez.

Las infidelidades llegan, ella las siente venir, siente miedo, no sabe qué hacer, si ignorar lo vivido o reclamarle a él, pero enjuaga sus lágrimas en las risas de sus hijos para darles otro mundo diferente al que es, queriendo tapar el sol con un dedo, ocultando la verdad.

Inocente es el niño, la niña no igual.

Mientras ella ahoga sus lágrimas, la niña quiere gritar, siente miedo de su papito y reza en silencio preguntándole a su angelito:

"¿Por qué papi no querrá a mamá?"

"¿Por qué la juventud tiene esa vanidad, que te hace ser despiadado ante los demás, siendo un egoísta pensando sólo en ti?"

—Soberbio, te crees eterno, pero no sabes que con el tiempo pagarás lo que has hecho. Y cuando tu corazón flechado quiera amar a alguien más, será demasiado tarde que ya no podrás—.

Esa infancia, la lleva la nena en su baúl, siente miedo de enfrentarse sola a esa misma situación.

Acosada por los hombres, trepadores ansiosos por ganar la apuesta. ¿Quién de todos será el primero en conseguir burlarse de ella?

No es amor, es un juego, el mismo que su padre empezó.

Guarda fielmente en su cartera su imagen de valor, es la foto de su madre a la que ella siempre admiró, porque supo enfrentarse sola al mundo, mostrando siempre una sonrisa y no el dolor.

Recuerda su infancia, el miedo a la soledad, sin darse cuenta que ella misma crea sus miedos sin sentido y mientras lo tenga en el sub-consciente seguirá el mismo camino.

¿Cuando podrás despertar y ser consciente de que tú creas tu propio destino?...

El tiempo pasa y se cumple la profecía, es víctima del engaño y de la tiranía. En la soledad puedes ver agua en el desierto,

Crees ver un rayo de luz en la oscuridad, el mie-do a quedarse sola y ver a su hijo sin un padre la hace pagar el precio de entregarse a un hombre que no tiene corazón.

Aquél que sólo los ve un día fingiéndoles amor. El niño se encariña porque es la imagen que en sus amiguitos ve, aunque el niño tenga que pedirle con pena, casi con miedo, permiso de llamarle papá a él.

En la necesidad de darle el hogar a su hijo acep-ta la situación, tonta que trata de creer que éste no la engañará, si no la ama cómo puede ilusio-narse en que no pasará.

Y aun así continúa, trata de quererlo, de aferrar-se a algo que no puede ser, se obsesiona al grado de vigilar cada uno de sus pasos y cuestionarlo al anochecer.

Es el miedo a saber que tiene otra y no querer perder.

Y llora en la noche sin poder comprender por qué no hay en el mundo un hombre que los llegue a querer...

Mientras su niño se acerca sigilosamente y le dice:

—¿Por qué estás llorando mamá?...

—Tengo miedo hijo, pero ya encenderé la luz.

—¿Si enciendes la luz ya no tendrás miedo mamá?

Entonces prende la de mi habitación, porque tengo miedo de que soy muy niño y no te pueda cuidar, y también que estés triste aunque trates de ocultar que él se va.

—¿De dónde nace el miedo mamá? ¿Es acaso en la oscuridad?

—No, el miedo es la falta de fe, pero como eres muy niño no puedes comprender.

—¿Y a qué le tienes miedo tú?

—Yo, hijito, a no tener una familia, un hogar.

—Yo, mami, a no tener como mis amigos un papá.

Como podemos ver en la historia anterior hay una cadena de acciones, de hechos repetidos, *"haces y te afectáis"*, si tú misma sientes miedo creas inseguridad a tu alrededor, y si creas optimismo todo es posible, hasta lo increíble, porque tú tienes el poder de cambiar tu destino. Cambiando tú, cambiará tu entorno, y así no permitirás que se repitan los hechos como en la historia pasada. La mamá de ella le creó ese miedo, esa desconfianza, esa inseguridad, porque en la gestación tuvo muchos miedos. Como era muy chica se sintió insegura y a eso sumémosle la época en que vivió, si ya de por sí es un hecho que te asusta el no saber qué hacer ante la situación cuando la tienes que enfrentar tú misma, independientemente de la actitud de él, porque ella sabía bien cómo era él, y a veces las personas se obsesionan creyendo que con el tiempo el hombre pueda cambiar, o sea *"esperan"*, y esperan demasiado. Y su misma hija retomó ese miedo y también inconscientemente se lo pasó a su hijo, continuando así la cadena.

¡Ojo! Si creemos que nuestros hijos no se dan cuenta de lo que sucede estamos muy equivocados, porque son mucho más sensibles, tienen un sentido de recepción mucho más fuerte que nosotros y pueden darse cuenta fácilmente cuando se les engaña.

Una amiga me dijo una vez: *"¿Por qué si tengo 26 años, terminé mi carrera, tengo mi título, me considero una mujer madura y la relación con mi novio tiene más 13 años... por qué aún tengo miedo de casarme?"*

Las personas decimos que no, pero por dentro pensamos que sí. Ella tenía miedo porque su hermana había fracasado varias veces, y había visto cómo había sufrido en su matrimonio. En ese entonces mi amiga tenía tan sólo 12 años cuando a su hermana de 19 le sucedió, y como en aquel tiempo era su confidente pues eso la traumó, y el fuerte cariño que sentía por su hermana le impedía aceptar esa inseguridad, ese miedo a que pudiera pasarle lo mismo. Su mamá también era una persona desconfiada y miedosa, muy a menudo hacía sus comentarios: *"Ten cuidado, algo debe tener este hombre que no ha mostrado"*. Con este tipo de vibraciones, ¿cómo no iba a tener miedo? Las mismas vibraciones crearon en ella esa inseguridad. Probablemente su madre pasó alguna situación similar que la hace esclava de sus miedos.

Dijo Jesús: *"¿Por qué dudan, hombres de poca fe?"*. Cuando tienes dominado tu interior, a nada tienes que temer. No existe la duda. La inseguridad es un defecto muy grande que nos ha pasado a todos alguna vez, yo aún sigo trabajando con ella porque ¡ah, cómo cuesta trabajo sacarla de nuestras vidas! Les cuento, había ocasiones en las que aún no estaba en el lugar a donde iba y ya lo había hecho un problema; por ejemplo, si íbamos a pagar el recibo de luz, un día antes de la fecha de corte iba a toda prisa y me decía en el camino: *"¡Ay, ojalá y no me toque que la señorita ya salió a comer y justo cuando pague yo, cierre la caja de pago! ¡Ojalá y no...!"* ¿Y qué creen? Eso mismo sucedía, o sea que obtenía aquello para lo que me preparaba.

Cuando iba de compras me decía: *"Ay, deja checo bien esta blusa porque siempre al llegar a la casa veo que trae un defecto"*, y claro al llegar a la casa, aún y cuando la había revisado, traía un defecto. Empecé a ver que mis palabras se cumplían, como profecías, tal y como decía Jesús: *"Por tus palabras serás justificado y por tus palabras serás crucificado"*. Hoy en día cuido muy bien mis palabras y mis pensamientos porque sé que tienen poder y esa fuerza puede crear a veces aquello que no queremos.

Una amiga me decía que tenía miedo a las alturas, le aterraba la idea de cruzar un puente y se arriesgaba a cruzar avenidas peligrosas por no enfrentar sus miedos, así que mientras más decía que tenía miedo a los puentes, con más puentes se cruzaba en los caminos, y cuando tenía que hacerlo por necesidad y sin haber más remedio los cruzaba a gatas y era su martirio. Era evidente que estas situaciones que le presentaba la vida eran para que confrontara sus miedos y de una vez por todas dejara de ser esclava de ellos, mas ella nunca entendió el mensaje hasta mucho después.

Otra le tenía miedo a los perros, de niña la había mordido un perro y no había superado esa fobia, recuerdo que me decía que en ocasiones si iba por una calle y veía a lo lejos un perro, se regresaba y tenía que irse por otras calles que la llevaban mucho más lejos con tal de no toparse con el dichoso perro, y si más adelante casi al llegar al lugar que iba se topaba con otro perro, hacía lo mismo, así que terminaba tan cansada que prefería tomar un taxi para poder llegar a su destino, y aunque rezaba varias de las oraciones que le había recomendado, su miedo era mas grande que su fe.

Tengo una amiga que era muy supersticiosa, decía que si pasabas por debajo de una escalera ya no te ibas a casar, y como ya era una mujer madura pues cuidaba mucho de eso. Discutíamos cuando tocaba ese tema porque yo no creo en esas cosas. Una ocasión en la que fuimos de compras al centro, caminando por una de las avenidas principales, cargábamos paquetes de regalos y algunas cositas más, íbamos plática y plática que no nos percatamos que estaba una escalera casi enfrente de nosotras, otras compañeras y yo pasamos debajo de ella sin darnos cuenta por estar tan metidas en la plática, ella venía atrás con otra amiga cuando mecánicamente, como si fuera dirigida por cuerdas como las de los títeres, se percató que estaba abajo de la escalera y al verse atrapada en medio de su más grande temor, quiso reaccionar como siempre lo había hecho y evitar enfrentar su miedo a cruzar por debajo de la escalera, pero ésta cayó debido a las bolsas que mi amiga traía en las manos. Ella se bajó de la banqueta sin fijarse que venía un carro y éste la tumbó al asfalto. De buena suerte que el dueño del carro se iba a estacionar, por eso iba a baja velocidad, de lo contrario mi amiga hubiera tenido una terrible experiencia. Imagínate, todas nos asustamos y fuimos con ella a ver qué le había pasado y el señor del carro también, pero ella insistía que estaba bien y que no le había pasado nada. Pero ahí no acabó todo, el señor, preocupado y no conforme con dejarla así nos pidió que fuéramos a llevarla con un amigo de él que trabajaba en un hospital cerca de ahí. Llevamos a mi amiga de inmediato, porque sí queríamos ver que todo estuviera bien, no era para menos, un golpe así puede ser peligroso a futuro, menos mal que todo salió bien gracias a Dios. El señor muy amable le dio su teléfono, por si llegaba a sentirse mal, y le pidió a ella el suyo, así que le llamaba cada dos días para ver si todo estaba bien y si le había resultado algo del golpe. Después la invitó a salir y se hicieron amigos, para no hacer más larga la historia mi amiga se casó con él a los dos años, y les cuento esto para que vean cómo pueden ser y hasta dónde te llevan los miedos. Afortunadamente, aunque de manera inconsciente, mi amiga se enfrentó a su miedo y encontró su felicidad. Los miedos son como tigres de papel que cuando te decides a enfrentarlos realmente desaparecen, son una ilusión, *"lo real no puede ser amenazado, lo irreal no existe en eso radica la paz de Dios"*.

Los miedos te alejan de las cosas que tanto deseas, y todos los hemos sentido alguna vez, no pienses en ellos. Y siempre que tengas la oportunidad de enfrentarlos no lo pienses dos veces. Cuando te decidas a enfrentar tus miedos verás que realmente ya no estarán ahí.

Si tienes hijos trata de no meterles miedo, así como cuando a nosotros nos decían *"si no te duermes va a venir el coco"*, o como cuando te asustan diciendo que se te aparecerá tal cosa, que si juegas en la calle va a venir el viejo del costal y te llevará, etc… etc.

Los miedos nos controlan y queremos controlar a los demás a través de meterles miedos, continuando así la cadena. Creo que eso no está bien, a los niños no hay que atemorizarlos, si me preguntan de dónde nace el miedo es ahí donde nace, cuando eres niño, cuando dejas que entren en ti. Siempre he estado en contra de eso porque no es bueno crear esos temores para retener a alguien, porque se quedan grabados en el subconsciente y después es muy difícil sacarlos, y no sabes a qué grado pueden afectar más adelante. Por el contrario, háblales de lo importante que son y lo que significan para ti, pero abrázalos, está demostrado que el abrazo es el lazo que ata tus palabras, si quieres un niño seguro de sí mismo háblale con cariño y dale tu confianza, crea en él un ambiente de confianza, respeto y fe, que quizás vengan situaciones difíciles en las que habrá que remar más duro, pero no importa, si se tiene a sí mismo podrá enfrentar cualquier cosa y los obstáculos se convertirán en trampolines ligados al éxito. Si tiene clara su meta, nada habrá que lo saque de ahí.

Y si en cambio, tú amiga o amigo, has tenido miedo de enfrentar alguna vez tal situación por miedo al *"qué dirán"* o si te juzgaran por tener un secreto que no es fácil revelar, algo que has callado tanto tiempo y que no te deja vivir, no tengas miedo, para la persona que te ama nada está mal en ti, porque el amor todo lo ve perfecto y debes alimentar ese amor mostrándote tal cual eres sin miedo al rechazo, porque es el miedo al rechazo el que te lleva a ser presa fácil de alguna enfermedad como el SIDA, el cáncer, y tantas otras que vienen precisamente de estos estados negativos. No permitas que se apoderen de ti, rebélate y enfrenta los miedos. ¡No sigas siendo esclavo de tu silencio!

"Los miedos controlaron mi vida
Ahora que los he vencido soy un niño
y mientras estoy dormido, trato de tenerme a mí mismo.
Ya no corro, apenas sí camino,
Pero van, al lado mío, mi voluntad y mi fe. "

Capítulo 6

"Amores inesperados"

Cuando crees que todo se ha terminado, cuando crees que nada tiene sentido, el día es tan largo, observas los detalles de tu oficina, miras hacia la calle y parece que la vida se ha detenido. Sales de tu rutina, el trabajo, los clientes, ves en cada persona a seres que caminan de un lado a otro, pero como si vivieran por instinto.

Cuando te has despedido del amor, y piensas que no lo hallarás de nuevo, cuando pierdes la fe, cuando existes por existir, hablas con tus superiores, con tus compañeros, pero sólo sientes el eco, ¿en alguna ocasión te has detenido a observar el vacío de tu vida? Esa inquietud que te hace ir por la vida tan deprisa que no tienes tiempo para observar los pequeños detalles, que no sabes ni qué deseas, tienes todo cuanto quisiste, pero aún te sientes solo, te falta esa chispa que te motiva a hacer locuras, sin razón. ¿Alguna vez que te haz sentido como si fueras un niño jugando por la vida sin miedos, sin censuras, haciendo travesuras, sin poder detenerte?

Y un día, el peor que imaginaste, el que maldijiste porque no empezó como querías, llega él transformándolo todo, y te das cuenta que estás frente a una sensación extraña, que te emociona y que te hace olvidar todo lo demás.

Es electrizante, sientes que late tu corazón muy aprisa, quedas sin aliento, y no puedes mirarlo a los ojos, porque tienes miedo de que él lo note. Te empiezas a dar cuenta de que sientes una emoción diferente, hoy quieres arreglarte más que antes, buscas ropa que ponerte, y no encuentras algo que te quede, terminas vaciando tu guardarropa sobre tu cama y nada, simplemente no hay nada que te parezca apropiado para presentarte ante él. Primero tratas de engañarte a ti misma diciendo que es algo común y que es una simple amistad, pero quieres saber todo de esa persona, qué le gusta, a qué se dedica, y si algún día se pudiera presentar la ocasión de que el destino los pusiera frente a frente a los dos.

Pero como el destino es un niño que juega al papel de seductor, cuando dices: ¡Ya no, ya no quiero enamorarme! Él dice: Veamos si desistes de este amor.

Estas son historias de amores inesperados, aquellos que no puedes creer, que no tienen un principio común, aquellos que te dejan un recuerdo para toda la vida. Historias que se cuentan de amiga a amiga, o… *"from friend to friend"*.

Esta es una linda historia, como las historias de novelas, de príncipes y hadas. Soñar quizás es para los tontos pero también los tontos aman y sienten, quizás tu deseo, por loco que parezca, puede traerte aquello que siempre soñaste, aun y cuando éste sea imposible de alcanzar.

Trabajaba en uno de los hoteles más importantes de mi ciudad, iba y venía con prisa, llegaba tarde a mi turno, otro rebajo más, me causaría un fuerte desgaste al reportarme con mi jefe directo. Le pedí a mi supervisora que me dejara entrar, ella accedió poniendo como castigo quedarme media hora más de mi turno y agregar una lista más de ventas.

No me importó, sabía que ese día tenía que llamar a 50 clientes más ofreciendo la membresía. "¡No puede ser!", me dije. Al ver las listas me di cuenta que volvía a tocarme una persona que me parecía que era por demás hablarle, era dueño de varios establecimientos y ya en repetidas ocasiones había escuchado a mis compañeras hablar de él, de la forma tan grosera en que las trataba al decirles que no quería nada de lo que estábamos vendiendo. Pero tenía muchos números de teléfono, que cuando marcábamos al escuchar su inconfundible voz teníamos que colgar, sabíamos de antemano que sería en vano nuestro esfuerzo.

Traté de dejarlo para el último, ya que nuestras llamadas eran meticulosamente checadas y no podía fingir haberlas hecho. Seguí como de costumbre haciendo mi trabajo, ya era tarde y tenía que entregar mi lista de ventas, mi reporte. Todas mis compañeras ya habían salido, y llegaban en ese preciso momento mi jefe y dos de los coordinadores para ver el corte de mes. Esperaban que terminara pronto, mientras platicaban, yo debía apurarme para que no pudieran escuchar mi llamada.

Marqué el número, y me contestó una voz gruesa pero educada. Le di las buenas tardes y la persona respondió cortésmente a mi saludo, seguí con mi manual escrito, seguía mi guión sin batallar, y me interrumpió diciéndome que estaba fascinado con mi voz, que ya sabía lo que vendía y que, aunque no le interesaba, lo compraría si tan sólo le daba mi nombre completo y se lo entregaba personalmente en su dirección. Todos quedamos en silencio, digo todos porque los demás sintieron mi repentino silencio y lo sorprendida que me puse, eso sin contar que mi rostro se enrojeció, me moría de pena, yo no sabía qué hacer, le dije que no era posible obtener de esa manera la membresía y que si no la quería yo iba a estar de acuerdo con su decisión. Le pedí a dos recomendados que pudieran interesarse en la compra, y me dijo: "Los nombres que te dé, todos te la comprarán, porque así lo quiero yo. Háblales y cuando te la compren espero que vengas a mi oficina a dejarme la mía, aquí está el dinero", y se despidió.

Yo me quedé sorprendida, y mis supervisores igual, me preguntaron quién era y me pidieron que les contara a detalle nuestra conversación. Era interesante para todos nosotros ya que nadie había podido venderle en años, si no es que nunca.

Pero lo extraño fue al día siguiente, cuando llegué a mi trabajo me dijeron que había personas en el lobby esperando para pagarme la membresía, pero que querían pagármela personalmente a mí.

Fui con el permiso de mis supervisores, y efectivamente a todos sus amigos y familiares les vendí la dichosa membresía, incluso hermanos de él que llevaban años sin hablarse me la compraron. Yo creí que ahí acabaría toda esta loca aventura del ogro, pero no fue así, más tarde recibí una llamada, y era él preguntándome a qué hora pasaría a dejarle su membresía. No me quedó más remedio que ir a su oficina. Fui al salir de mi turno y para mi sorpresa la secretaria me habló como si me conociera de siempre y me dijo que ya me estaban esperando. Me invitó a pasar a donde se encontraba él.

Conocí a ese hombre, me lo habían pintado como un ogro pero de ogro no tenía nada, era un caballero, un hombre impresionante y educado, me trató de una manera sumamente especial, platicamos de mi trabajo, de la forma en que hacíamos los tratos, después me preguntó cómo había dado con él, nunca estaba disponible para nadie, pero de una u otra forma había algo en mí que lo dejaba sin hablar. Le sorprendía mucho mi persona, él normalmente no conversaba acerca de este tipo de actividades ya que no le gustaba convivir con la gente, ni era una persona que aprovechara ese tipo de promociones teniendo la comodidad de su hogar, pero aún así lo hizo porque el timbre de mi voz lo había hecho sentirse en paz y por lo tanto feliz. Me invitó a comer al día siguiente, yo no era puntual y él era un soldado en esto. Lamenté mucho el no llegar temprano pero a él no le importó, salimos de la oficina y nos fuimos al restaurant de un amigo ahí cerca, platicamos largo rato. Yo tenía que ir a trabajar, me pidió que no fuera, me preguntó cuánto ganaba por día, yo me reí. Me dijo: "Yo te pago el día, la semana, el mes, pero quédate a platicar hoy". Nunca en mi vida había faltado a mi trabajo así, y él tampoco, sonaba y sonaba su teléfono, pero no contestaba. Pidió que fuera su secretaria al restaurante y le llevara los papeles que necesitaba firmar, así que toda su oficina y su equipo de trabajo iban hasta donde estábamos ya fuera por dinero o por alguna necesidad. Él me pidió que siguiéramos teniendo nuestro día para conocernos, y así lo hicimos: fuimos a la peluquería, a la farmacia, a comer unas donas con café, íbamos a ver a alguno de sus amigos, y yo al lado de él como si fuera su asistente, me presentaba como su amiga. Después de eso sólo podían decirme que cuándo me veían, que nunca lo habían visto sonreír tanto como aquel día, que era otro...

Seguimos así por un largo tiempo. Cuando pasaba cerca de su oficina, había alguien que le avisaba que yo estaba en determinado lugar probándome algo y él llegaba inesperadamente a sorprenderme, y me lo compraba y de ahí salíamos juntos platicando, ideando un plan ya fuera para un café, o ir al cine. Me preguntaba cuál era mi sueño o mi fantasía, quería a toda costa hacerme feliz. Recuerdo un día que insistía en cuál era mi fantasía, le dije: "Te parecerá una locura, mi mayor sueño es un día subirme a mi carro predilecto, un Jaguar" y me contestó: "¿Te gustaría hoy o mañana?" Yo no podía creer que era verdad lo que me estaba diciendo. Sucedió al día siguiente, me habló: "Ven, ya tengo aquí tu sueño, ¡te está esperando tu Jaguar! Y nos iremos al cine en él". Así fue, paseamos por la ciudad y al último nos fuimos al cine a ver una película de Walt Disney porque a ambos nos gustaban las películas infantiles. Éramos como dos niños inquietos jugando, deseábamos tanto tener un amigo, un compañero, y prometimos estar cerca uno del otro siempre que hubiera tiempo. Podía estar lejos, siempre tenía una llamada para mí aunque estuviera al otro lado del mundo, ya fuera

Jamaica o Nebraska, a donde quiera que iba me traía un souvenir. Pasamos momentos inolvidables, conocí a muchas personas importantes al lado de él, sus empleados me respetaban mucho y me veían como algo de él, así que me cuidaban todo el tiempo, cuando alguno de ellos me veía le avisaban. Tuvimos momentos muy lindos, así como tristes separaciones por gente que no veía con buenos ojos que estuviéramos juntos, ya que éramos de mundos diferentes, pero las separaciones nos hicieron más fuertes. Aunque ha pasado mucho, mucho tiempo, él siempre está ahí al pendiente de saber si estoy bien o si algo necesito. El recuerdo de lo vivido nunca se borró. Viví la fantasía más linda que jamás olvidaré, él llegó a hacer realidad muchos de mis sueños, fue mi príncipe guerrero, mi Merlín que me llevó a tierras lejanas donde no existía el tiempo, ni la opresión. Separarnos fue lo mejor para los dos, pero la separación inmortalizó esta relación y nunca olvidaré esa chispa de alegría, esa felicidad que sentía mi corazón al recordar cómo corría a abrazarme y decirme: "¡Hola mamacita! ¡No tienes idea de cuánto te extrañé hoy!"

El tiempo nos trae recuerdos de historias con desenlaces no tan felices a veces, pero que se quedan guardados en el corazón. Tengo una amiga que cuando llega a deprimirse, recuerda una alegre fantasía que vivió. Aprendió a darse cuenta de que nada es imposible, ni siquiera lo increíble. Los sueños también llegan a hacerse realidad, si tienes una visión firme de lo que deseas. Hay en el mundo tantas historias tan lindas. Esta es la historia de amor que le tocó a mi amiga *"la negativa de siempre"*, la que decía una y mil veces: *"¡Ya no! ¡Ya no volveré a enamorarme!"*

Caminaba esa tarde por una de las principales calles del centro de la ciudad, había prometido no volverme a involucrar nunca más. Es difícil estar sobreviviendo a la ruptura, seguían mis dudas. ¿Por qué no lograba establecerme? ¿Por qué era tan duro? No pedía mucho, sino tener algo mío, quería sentir que podía enamorarme y amar así toda la vida. Deseaba tener una pareja que me amara y juntos pudiéramos convivir, ser amigos y compañeros, amantes leales, hasta llegar a ser un equipo los dos.

Me dije: bueno, desisto de seguir buscando algo que jamás encontraré, ya no me daré el lujo de esperar algo que nunca llegará, mejor me dedicaré a vender, vender y vender, nada me interesa, me refugiaré en mi trabajo y no tendré debilidades nunca más. Eso hice por mucho tiempo, vivía por vivir, hasta que un día, el menos pensado, el que te saca de quicio, ocurrió algo extraño.

Me encontraba en mi oficina, molesta con mi jefe y mis compañeros, había perdido un proyecto de ventas muy grande debido a una equivocación de mi proveedor y se me salía de las manos el poder darle otra opción a mi cliente, para colmo tenía varias garantías por cubrir y mi jefe no quería hacerse cargo de ellas para no perder tiempo, y se escudaba diciendo que eran clientes míos, y yo por estar ocupada en el proyecto no le había dado seguimiento, así que los clientes ya molestos me hablaban para reclamar. Quería que fuera ya la hora de salida, como si quisiera despertar de una pesadilla, busqué cómo pasar el tiempo y bloquear el momento de tener que hacerle frente a la responsabilidad.

Ocupada en mi PC, buscaba páginas informativas, de pensamientos célebres, de poemas importantes, un salmo, necesitaba a toda costa una literatura que me ayudara a encontrar la paz y ver cómo podía tomar el control de la situación buscando la victoria, ya que mi jefe ya se había hecho ilusiones de las uti-

lidades que se generarían del proyecto, por eso estaba furioso y por consiguiente toda la oficina estaba de locura. Pero yo no encontraba el rumbo, el camino que me llevara a encontrar una opción. Mi trabajo y mi vida personal estaban hechos un verdadero caos.

Y de pronto tras buscar aquel pensamiento evangélico me topé con un letrero, un aviso de un loco titulado: "Deseo encontrar a una linda chica sencilla y simpática con quien compartir desde un momento hasta la vida entera."

"¿¡Qué!?... ¿Quién es este idiota?... Como si estuviera yo en este momento para desvariar... ¡Habrase visto!" Me reí de su infantil idea, no podía creer hasta dónde el ser humano se siente solo, y de la manera en que tiene que gritar su deseo de querer tener a alguien en su vida, al poner letreritos mediocres.

Pero aún así me inquietó. ¿Por qué alguien podía anunciarse de esa forma sabiendo que no era la manera de encontrar lo que buscas? ¡Cómo si yo supiera cuál era la correcta!

Después me dije: "¿Le habrá funcionado a él?" Mi curiosidad nacía, yo no puse un letrero así, pero vaya, si funcionara de esa forma lo hubiera deseado.

No es justo, dije, este individuo estaba haciéndome la vida de cuadritos, si mi vida estaba ahora desquiciada, ¿por qué se presentaba él inquietándome, al decirme casi al oído: "Tienes tiempo, podrías ser tú"?

No podía concentrarme, seguía ahí en mi mente esa vocecita interior, diciéndome: ¿Quien será?, ¿Cómo será?... ¿Algún asesino en serie?

La curiosidad de poder preguntarle qué lo había motivado a hacer una obra así me llenaba de inquietud, hasta el grado de escribir a la dirección que señalaba. Y me dije: ¡No cabe duda que estás realmente loca, y de plano desquiciada! Pero qué más daba, terminaría mi día de locos.

Escribí a su dirección y casi inmediatamente me respondió, pero le hablé en un mal momento ya que se encontraba ocupado, me lo dijo de un modo frío y eso me molestó. ¡Demonios! ¡Para qué pone letreros si no tiene tiempo de atender a sus demandantes! Me irrité. Claro, recuerda que yo estaba molesta por todo ese día.

Me quedé ahí ocupada en mis cosas y me sentía enojada por no llamar su atención cuando a los pocos minutos me preguntó que si tenía alguna fotografía, me dije: "Sufre maldito, ahora viene la mía". Desde un principio jugué a ver quién ganaba a quién, o quién tenía más curiosidad frente la situación. Caímos en el juego del destino los dos.

Le dije que había una foto en la página, que la buscara porque no tenía otra, ni sabía cómo enviársela desde mi PC, la verdad pensé: el que quiera azul celeste, que le cueste. No sé cómo le hizo, pero dio con ella y de pronto me respondió diciendo: "¡Eres muy guapa!". Mi vanidad aumentó, quería hacerlo sufrir un poquito por no haberme atendido en un principio, jugaba como una niña con esa actitud sin poder ver que estaba frente a mí la oportunidad que siempre pedí, el compañero que idealicé por años. Aún no me daba cuenta del camino que estaba frente a mí.

Me burlé al criticar, sin saber, su manera de querer conocer a alguien que quisiera compartir toda la vida. ¿Acaso yo podía regir cómo debe vivir la vida cada ser humano? Estaba equivocada, los caminos son tan extraños, que en ocasiones nos parecen poco agradables, reconociendo que la mayor parte del tiempo queremos imponerle a la vida cómo queremos las cosas, como decía mi abuela: ¿Y de qué sabor quieres tu nieve?

Por eso nos desgastamos cuando el chico aquel que nos gusta no llega a hablarnos de la manera que queremos, porque idealizamos tanto el idilio, tal como si nuestra pareja pudiera leernos el pensamiento... ¡y pobre de él si se sale de nuestro libreto!

Nos pusimos de acuerdo para conocernos, yo iba temblando, porque como no fue planeado (esa idea mía de planearlo todo) pues no iba preparada, ni arreglada mucho menos, me sentía en desventaja, ya que no iba de acuerdo a dicha fotografía. Para colmo ese día fui a trabajar con la peor ropa que tenía, nada apropiado para una cita, mucho menos para conquistar a alguien, es por eso que sabía que no le llamaría su atención. Pero eso era lo de menos, yo quería conocerlo, y pensé, "con 15 minutos que hable con él inventaré una excusa para salir de ahí y no lo volveré a ver".

Al fin llegó la hora, estaba justo en la parada que me señaló y comencé a sentir miedo, porque esto no siempre puede ser algo bueno, puedes toparte con tanto loco en la actualidad, que debe ser una más precavida, pero ya había aceptado y no me quedaba de otra, tomé el riesgo, esperé… y cuando al fin llegó, caminé hacia el carro y abrí la puerta. Como el sol me daba de frente no pude verlo, además era una avenida tan transitada que debía abordar pronto el vehículo. Así que me subí preguntando su nombre… él me dijo el mío… No había duda de que era él.

Ya adentro iba muerta de miedo, apenas sí podía verlo, pero empecé poco a poco por voltear a *verlo de pies a cabeza, y cuál fue mi sorpresa que me topé con el niño más lindo y tierno que he conocido. Mis manos temblaban, tenía miedo porque sabía que era peligroso subirme a un carro con un desconocido, estaba sorprendida de mi proceder. ¿Cómo vine a meterme en este lío?*

Comencé a temblar, me puse muy nerviosa, lo noté porque empecé a hablar y hablar y hablar, parecía una perica, y con mi nerviosismo no me di cuenta que mi acompañante no podía manejar con mi actitud. Me pidió guardar silencio mientras manejaba ya que había un tráfico espantoso, y me dijo que no estaba acostumbrado a platicar mientras manejaba. Qué pena, mi primera impresión de desilusión, así que no sabía qué hacer, él trataba de encontrar un lugar lindo donde pudiéramos platicar, donde pudiéramos disfrutar de una rica cena y además sentirnos cómodos. Yo empecé por delirar una historia descabellada en mi cabecita pues no sabía lo que él llamaba "sentirnos realmente cómodos". Pero para nada, era todo un caballero y muy agradable, la mal pensada fui yo, al ver que me llevó a una pizzería muy acogedora con poca gente donde podíamos sentirnos a gusto y disfrutar del buffet, pero yo no podía tocar ni un bocado para no de-

jar de verle a los ojos, tenía unos ojos muy lindos, verdes, y traía gafas muy delicadas acordes a su fina cara, tenía una mirada realmente penetrante que me hacía ir y venir por todos los relatos que me platicó. Platicamos de todo, le pregunté por el anuncio, que era lo que más me inquietaba. ¿Cómo un hombre tan caballeroso, tan guapo y sencillo podía tomar ese camino como opción? Me comentó que la mayor parte del tiempo se la pasaba frente a la computadora por su trabajo y casi no salía, no tenía amigos, ya que era algo tímido, ni tiempo para hacerlos y no tenía manera de buscar a una chica para invitarla a salir de otra manera que no fuera por medio de la computadora, ambos coincidimos en lo peligroso que a veces eso podía ser, ya que sí le tocó una de tantas chicas locas y desquiciadas que querían ir a la cama en lugar de conversar, o muchas que enviaban fotos falsas y al conocerlas no eran parecidas ni en el cabello. Me relataba todas las aventuras que había pasado con las chicas que había conocido, todo eso mientras que comía y yo atenta a sus manos que me dejaban boquiabierta ya que comía de una manera demasiado ordenada, todo tan delicado y perfecto, cada trozo podía degustarlo con la mayor naturaleza, como si lo hubiese ensayado, y yo muerta de envidia, ya que a mí el spaghetti se me salía totalmente de control, el queso de la pizza se me despedazó y hasta la ensalada del plato tiré, yo era una niña desordenada e inquieta, que por eso mejor dejé de comer para poder verlo. Me dije: "Si por mi forma de comer decide irse, no lo culparía". Pero no fue así, él no se fijó en esos detalles, estaba muy atento en mi persona, en mi cara y en "mi gran corazón", según me dijo él después, como tampoco importó el tiempo. Salimos de ahí porque uno de los meseros nos había dicho más de 20 veces si se nos ofrecía algo más, quizás el pobre era nuevo en eso y también estaba nervioso como yo, pero realmente desconcentraba nuestra plática, así que decidimos irnos a un parque ahí cerca.

Platicamos por horas y horas, como si nos hubiéramos estado esperando uno al otro por años. Contamos historias, chistes, nos reímos tanto... estuvimos tan a gusto que no fue la última cita que tuvimos.

Quién iba a decir que los 15 minutos que yo tenía destinados para darle una oportunidad al destino, él me tomaría de la mano para invitarme a construir una vida juntos. Fue amor a primera vista, poco después de conocernos me confesó que él había llegado minutos antes de la cita, estacionó su carro cerca de ahí y fue a buscarme, se paró justo detrás de mí, como no me conocía deseó que la chica aquella, o sea yo, fuera la chica de la cita a ciegas. Y cuando regresó al estacionamiento y volvió hacia el lugar de nuestra cita me vio avanzar hacia su carro y dijo: He encontrado a la mujer de mi vida.

Nos casamos un año después de conocernos y nos llevamos como siempre lo soñé, mi esposo es el hombre que idealicé junto a mí: es mi compañero, mi amante y amigo, somos un equipo los dos. Nuestro amor puede verse a lo lejos, es un compromiso hecho con el corazón. Tenía razón cuando dijo que buscaba a una persona que pudiera disfrutar desde un momento hasta la vida entera, porque realmente a su lado vives intensamente cada momento, él me enseñó a no vivir en el pasado y ahora cuando en las tardes caminamos por nuestro hermoso parque aún nos reímos de la forma tan extraña que tenía el destino para que nos volviéramos a encontrar él y yo.

Amor inesperado
Por años te busqué,
Fui al otro lado del mar
Más sin aliento llegué
Triste y cansado
Perdiendo poco a poco mi fe.

Más el destino me impuso su voluntad
Y cuando nada esperaba apareciste tú
Llenando mi vida de alegría y de luz.

Traté de esquivarte, y evitar lo que siento
Pero fue mucho más fuerte que yo este sentimiento.

Me entrego a ti sin miedo
Porque no es efímero tu amor
Es un compromiso ligado al corazón
donde existe una razón en la cual yo creo.
El amor incondicional, que no tiene maldad
Y va más allá del tiempo.

Capítulo 7

"Te devolveré los años que las langostas se han comido"

Cuando conocí a Peter mi vida estaba casi vacía, lo único que me mantenía viva era mi instinto maternal, debía cuidar a mi hijo Edy, él era mi motivo de vivir; mi frustración de no poder dejarle una mejor calidad de vida y de no poder cambiar mi destino, me hacía sentir ira e impotencia. Había fracasado en mi primer matrimonio, mi esposo nos había abandonado siendo Edy un bebé. Mi deseo incansable de querer encontrar un hogar, una familia para él, me llevó a tener relaciones tormentosas, la primera con un hombre insensible y cruel que no podía amarse a sí mismo, mucho menos a nosotros.

El segundo fue más doloroso, pues aguanté desde maltrato psicológico hasta golpes por sus celos enfermizos. Eso terminó con mi autoestima dejándome en la lona, sin fe, sin creer que mi futuro podía cambiar. Cuando a veces tenía destellos de lucidez me preguntaba, sin entender, por qué se acercaba a mí gente que sólo quería destruirme. Nada me causaba encanto ni atractivo, sonreía con mi careta de que todo estaba bien y con la esperanza de que algún día alguien llegara a rescatarnos.

Enfrenté la situación como pude, con los medios que tenía, pero era movida de un lado a otro sin dirección.

Cuando Peter me ofreció su amistad yo pasaba por un trance difícil, me habían detectado cáncer y veía mi futuro incierto, no sabía cómo hacerle para darle a mi hijo las herramientas necesarias para salir adelante. Me sentía derrotada y me preparaba para mi muerte. Siempre le dije a Peter que cuando lo conocí me sentía como un perrito lleno de sarna a quien todo el mundo pateaba o arrojaba piedras, pues ¿a quién podía llamarle la atención un perrito así? ¡Menos encariñarse con él!

La posibilidad de salir de ese estado era casi nula, y la oportunidad de volver empezar de nuevo era sencillamente un sueño lejano. Sin embargo Peter me ofreció su ayuda, me dijo que yo podía cambiar la historia de mi vida si quería. Al principio lo juzgué mal y no le hice caso, ya estaba tan metida en mi muerte que la ansiaba más que a nada. Me había derrotado por completo, al grado que una noche estuve a punto de quitarme la vida, pero llámenlo milagro o no, recibí una llamada, era él, mi amigo, que quería platicar, estaba preocupado por mí, tuvimos una larga charla de cuatro horas. Lloré y lloré amargamente con él confesándole lo que estaba a punto de hacer, en esos momentos de desesperación, mi inconsciencia no me permitía ver motivo alguno para luchar más, aún y cuando mi mayor preocupación era mi hijo, pero cómo podía hacerlo feliz cuando yo misma no creía en la felicidad. Me desahogué y le platiqué toda mi vida desde un principio y le expliqué que se me habían agotado las ganas de vivir.

Pude sentir como si él me levantara y me cargara en sus brazos y comenzara a curar mis heridas con tan sólo escucharme. Me escuchó pacientemente y me recomendó dormir, descansar, que al día siguiente despertaría a una nueva vida. Le obedecí, por primera vez me sentía tranquila.

Esa noche, después de colgar, ya estando en paz, caí en un sueño profundo, muy profundo, que me llevó a experimentar un cachito de lo que pudo ser realidad, de las consecuencias de esa locura de querer atentar contra mí misma sin tener siquiera una leve idea de todo lo que iba a destruir, de todo lo que sepultaría si me derrotaba. Mientras caía poco a poco en el sueño escuché una voz, una fuerte y gruesa voz que me llamaba, retumbaba en mis oídos con su eco, pero no alcanzaba a entender bien. Poco a poco el sonido se fue aclarando:

—Catherine… Catherine…

Nunca olvidaré las palabras que escuché después, las llevo grabadas en mi mente y en mi corazón:

"Te devolveré los años que las langostas se han comido".

Esas palabras retumbaban en mis oídos una y otra vez, fuertemente. Aún puedo recordar ese sueño como si hubiera sido ayer y aún se me erizan los vellos de la piel. Puedo recordar cada escena, cada instante de ese sueño como si hubiera sido real, fue una pesadilla que me haría despertar y empezar de nuevo. Recuerdo que caía en un precipicio hondo, profundo, y mientras caía podía ver cómo mi cuerpo empezaba a hincharse, sentía mi corazón latiendo tan rápidamente que mi pecho quería explotar, veía en mis manos las venas que iban levantándose hasta reventar, mi cabeza se hinchaba y se ladeaba por el peso, mis brazos comenzaban a ponerse morados, luego mi cuello, mientras que de mis oídos escurría un líquido, era sangre, y sentía cómo mi cara se inflaba poco a poco, los párpados, la nariz y la boca, asimismo mis brazos y piernas. Lloraba, imploraba, suplicaba que todo fuera un sueño, y que pudiera tener una segunda oportunidad, experimenté un dolor desgarrador en todo mi cuerpo, imposible de plasmar. Nadie puede siquiera suponer cuántos cambios por segundo, cuánta destrucción se efectúa en nuestro cuerpo, si causamos nuestra propia muerte, no tenemos la más mínima idea de lo que estamos provocando, el desenlace es fatal y lo peor de todo, podemos ver con plena conciencia esa autodestrucción pero ya no podemos evitarla. ¿Puedes imaginar el inmenso dolor? Es increíble cómo el ser humano puede hacerse tanto daño.

Si alguna vez ha cruzado por tu mente la locura de atentar contra tu vida, detente, y deshazte de esa idea. No trunques el sueño de Dios, no abandones la esperanza de ver realizado lo que Él quiere para ti. En esta vida podemos caernos y levantarnos, eso es precisamente lo que nos hace más fuertes cada vez, pero en el purgatorio no existe la segunda oportunidad. Vuelve pasivo tu pasado y no tengas miedo de vivir.

Al despertar, pasadas las 12 del mediodía, me sentía desorientada, un poco mareada, mis ojos estaban hinchados, como si hubiese llorado. Me sentía rara, como si estuviera drogada, dudaba de que todo hubiera sido una terrible pesadilla. Aún no entendía qué era lo que había sucedido en mí, pero agradecí despertar y tener esta segunda oportunidad de ver mi vida desde otro ángulo. Me metí a bañar y bajé al comedor, todos se habían ido ya. Qué raro que nadie me hubiera despertado, pero lo agradecí.

Sentía diferente mi cuerpo, sucedió algo extraño en mi interior, la atracción hacia otras cosas, otros gustos, un mirar diferente, con otra visión, mi forma de pensar era distinta, por ejemplo: acostumbraba siempre ponerme blusas negras, mi guardarropa era en tonos obscuros la mayor parte, pues cambié mi hábito por una camiseta de mi hijo de color naranja ese día. Lo primero que hice fue llamar a Peter y le pedí que me ayudara a empezar de nuevo, no tuve que explicarle nada, él había entendido mi mensaje. Sabía que algo en mí había sucedido, simplemente estaba decida a dar el paso final, era el momento preciso para cambiar.

Coincidimos en que podíamos ayudarnos mutuamente, él conocía una enseñanza acerca de la posible evolución del hombre e incluso tenía libros relacionados con ese nuevo despertar de la conciencia, pero era demasiado analítico, había estudiado Física y Matemáticas, le faltaba sensibilidad, emotividad, algo que a mí me sobraba; y yo carecía de algo que él tenía: dirección, éramos el complemento uno del otro por lo cual nos necesitábamos para poner en marcha este experimento, la moneda estaba en el aire y yo tenía poco tiempo para poder ayudarle a mi hijo. Sabía y sentía que se me había dado una segunda oportunidad y la tenía que aprovechar al máximo. Así que decidí jugarme el todo por el todo, estaba convencida que para empezar tenía que cambiar mi ser de una manera radical, iba a conocer un nuevo estilo de vida, una nueva enseñanza, por lo que tendría que abandonarme a esta voluntad, adaptarme a esta nueva disciplina. Obedecer y acatar cada regla sería de importancia decisiva en mi vida ya que se trataba de cambiar la espiritual contextura de mi alma y era el único medio de cambiar mi destino, pues de ahí dependían mis actos y pensamientos.

Me dije: *"Adelante, nunca es demasiado tarde"*.

Comenzando a despertar...

Mi nuevo estilo de vida arrancó, más difícil sería mi esfuerzo ahora por esta segunda oportunidad, porque cabe recalcar que todo seguía igual, el mundo era el mismo, nada había cambiado, sólo yo, ya que nadie sabía de esa terrible pesadilla, sólo mi amigo y mi último deseo estaba frente a mí: Cambiar mi vida, pero no a mi manera sino con otra idea, ya entendía ahora que cambiando yo, cambiaría mi entorno. No tenía nada que perder y todo por ganar. Abandonarme ahora a la voluntad de otro, u otra enseñanza de vida, era difícil, y mucho más para mí, que había llevado el control de mis cosas al ser independiente, pero ya había visto los frutos de mis decisiones soñadoras y románticas; pero cuando te das cuenta de que no tienes un rumbo, una meta, vayas a donde vayas, tarde o temprano padecerás pues serás tragado por el exterior. Si no tienes bien definido cuál es tu propósito aquí seguirás en el laberinto de la vida dando vueltas y vueltas, hasta que por fin te decidas enfrentarte a ti mismo, enfrentarte a tus miedos, tus resentimientos, tus odios, enfrentarte a todo lo falso que hay en tu persona, cuando descubras que tu peor enemigo, de quien has estado huyendo todo este tiempo y quien te tiene preso donde estás, eres tú; donde siempre creíste ciegamente que tenías el control, cuando el mundo te ha llevado de un lado a otro como a un títere y eres uno más muriendo en vida.

Sentía como si sólo tuviera un gran montón de basura porque había desperdiciado mi vida jugando a competir todo el tiempo por la necesidad frustrante de sentirme aceptada cuando sólo me había destruido. Abría y cerraba los ojos queriendo creer que era un sueño, pero no, cuando tienes un minuto de conciencia, no puedes creer lo que está frente a ti, como si te quedaras dormido en una carretera y al despertar te dijeran la enorme tragedia que has causado y lo peor es que tú no recuerdas nada: *"¡Oh Dios! ¿Qué es lo que he hecho?"*

DISCIPLINAS QUE ACATAR

Empecé primero por aceptar mi ***PRINCIPIO DE NULIDAD***, saber que no soy nada, que todo lo que cuenta es mi interior y no mi casa, ni mi coche, ni mi ropa, ni mis joyas, mis amigos, mi trabajo, etc. Eso era algo que me costaba trabajo desprenderme, es decir, aceptar, que si tengo ahora un carro, pero mañana no lo tengo, en nada me afecta, el carro no controlaría mi vida, aparentemente se veía sencillo, pero era un gran paso. El dejar de llevarle un regalo costoso a una amiga en su cumpleaños, porque si no ¿qué dirían?, más aún asistir a un compromiso no porque quisiera sino por el simple hecho de cumplir, era nulo, y debía abandonar todo ese tipo de acciones.

Me dijeron: si quieres aprender a nadar es necesario que entres a la alberca, creí que sería sencillo, pero no había entendido la forma metafórica de hablar, ya que los demás como están impuestos a conocer de ti una personalidad, de repente al cambiarla, al ser tú misma sintiendo y expresando realmente lo que sientes, pues es una forma que no conocen, por lo tanto el mundo se vuelve contra ti, criticándote, y juzgándote todo el tiempo, mientras tú empiezas a ver quién te ha movido todo este tiempo y quién te maneja de los hilos: ¡es tu falsa personalidad! Y todo para ser aceptado.

MI META

También era necesario tener una meta hacia donde ir, tenía que ver bien hacia dónde irían mis esfuerzos, donde lo bueno sería lo que me acercara a mi meta, y lo malo lo que me alejara de ella, una regla en verdad más delicada, ya que yo llamaba malo, al supuesto *"pecado"*, lo que la sociedad llama acciones indebidas, a lo que *"no era correcto hacer"*, al sexo… en fin, miles de tabúes y de basura que tenía que desechar de mi cabecita, cosa que tampoco sería nada sencillo, puesto que el subconsciente no descansa, y ahí traes a la falsa personalidad pegada a ti todo el tiempo puesto que no quiere ser destituida, diciéndote con su vocecita suave al oído: *"¿Estás segura Catherine, que eso se vería bien?"*, *"¿No crees que estás siendo inmoral?"*, *"¡Eres inhumana!"*, etc.

Mientras tú por un lado empiezas a trabajar, habrá ese otro yo en ti que te querrá destruir, por lo cual es una batalla titánica todo el tiempo, pero si no olvidas tu meta nadie podrá detenerte, recordar tu meta será lo que te lleve a tierra segura.

Cada uno puede trazarse una meta, algo que en realidad pueda ser para nosotros un punto de arribo. Escogí mi meta: *"Descansar en paz, dejándole a mi hijo un mejor amanecer, haciendo mi parte en este universo. "*

Así que mis estímulos son ahora así: Todo lo bueno es lo que me lleva a mi meta, y todo lo malo lo que me aleje de ella. Tu meta es tuya, para cada uno es diferente pero trata de escoger una que te lleve a la paz interior, *"pues donde está tu tesoro ahí está tu corazón."*

Necesitaba forzosamente de un tutor, un Maestro, un consejero, un amigo que pudiera ayudarme en esto, alguien que fuera mi espejo ya que uno no puede verse así mismo, necesitaba alguien despiadado con mi persona que me dijera las cosas tal y como eran, sin mentir como solemos hacer la mayoría de las veces, justificándonos todo el tiempo, como decía Peter, *"Una mano lava a la otra"*. Y tenía razón. Tú puedes elegir un amigo, o una pareja, alguien que te ayude en este nuevo camino, alguien que quiera quitarse el egoísmo, para vencer la muerte misma, a las enfermedades, las pestes, vencer a nuestro mayor enemigo: la falsa personalidad.

Las reglas de las que hablo tienen que seguirse celosamente para poder crecer interiormente y sacarnos más pronto del sueño en que nos encontramos, ya que aún estamos dormidos, llamémosle *"dormida"* a la gente que no tiene conciencia, que no es dueña de sus actos, sino que es movida por el exterior, los seres humanos estamos dormidos en el sueño profundo de la inconsciencia, y para despertar se necesita un arduo trabajar, se lleva años, pero una vez que te decides a empezar ya no hay regreso, ya no eres el mismo, y esto sucede poco a poco. Deberás tener grandes reservas de paciencia, porque no es por arte de magia, sino por tu mayor esfuerzo.

Una frase de la enseñanza: que me es difícil de experimentar en ocasiones: *"En la paciencia poseeréis vuestras almas"*...

Porque yo suelo ser algo inquieta y desesperada, no soy perfecta, pero puedo decirte que cuando he puesto en práctica esta ley, mi cuerpo ha sanado, mis energías se han restaurado y sobre todo vuelve la armonía con el exterior, se llega a un estado de equilibrio, que ahí fue donde descubrí la felicidad, porque quien vive en paz lo tiene todo.

Para aquellos que me han preguntado: *"Oye Catherine, pero ¿cuánto tiempo lleva esto?"* les diré que no lo sabemos porque no es una receta de cocina que en 15 minutos está, ya que cada uno de nosotros es diferente, como nuestro ADN, cada uno de nosotros es auténtico y maravilloso en sí y no olvidemos que estamos hablando de la contextura de nuestra alma, de nuestro espíritu y de lo más importante: el compromiso que tenemos con nuestro Creador de armonizar este universo, no olvidemos el principio de creación.

Pero les daré un aliciente, cuando empiezas a dar tu primer paso, entras al mundo de la cuarta dimensión, es la magia, porque las cosas cambian de un lado a otro sin darte cuenta, para los demás será muy notorio, aunque para ti sea arena en el desierto, ya que cambias calladamente, pues tu cambio empieza primero en tu interior.

Para esto me topé con un reto más, algo que no solía hacer, tenía que guardar profundo silencio de mis actos, fue lo primero que se me ordenó, lo cual al principio me dio miedo y cierta desconfianza, además que no estaba a acostumbrada a guardar secretos, mi vida era un libro abierto, no entendía el motivo para callar; sin preguntar lo hice, más tarde me di cuenta del por qué, pues con mi cambio de actitud sería bombardeada y el mundo entero me daría la espalda, lo cual pregunté a mi Maestro: *"¿Y qué pasará cuando vaya al lado contrario de los demás?"* Él me contestó: *"Entre peores sean las condiciones de vida, mejores serán los frutos de la Enseñanza, siempre y cuando tengas presente la Enseñanza".*

Y efectivamente así fue, empecé de nuevo, empecé por cambiar mis actitudes frente a las circunstancias, un decir, yo antes solía preocuparme por lo que la gente pensara de mí, qué dirían si llegaba tarde a mi casa, si algún amigo se ofrecía a llevarme, que dirían los demás, no sería bien visto. Empecé por no darle importancia a esos detalles, hice lo que sentía yo realmente, trocé mi hilo misterioso, el hilo que me manejaba, dejé de ser el títere de mi vecino.

Si alguien me desairaba, ya no me molestaba, comprendía que mi nuevo compromiso me decía: *"Da sin esperar"*, *"Dichoso aquel que no espera porque así no estará decepcionado".* Cuando empecé por entregar lo que mi corazón deseaba, sin esperar una respuesta, dejé de mortificarme por esperar la respuesta así que ya no existía preocupación en mí. Empecé a verme bella, linda en mi interior, a ver mi magnificencia al dar, al dar sin medida, haciendo mi parte, sin importarme el qué dirán.

Para muchos era una loca, más no me importó porque sentía ese deseo de seguir en esto y cuando preguntaba por qué los demás no lo entendían me respondían: *"Jesús dice: El que tenga oídos que oiga"* y efectivamente esto no es para todos. Los locos hemos hecho grandes descubrimientos y es de los locos el mundo de la cuarta dimensión, allá hasta donde los Ángeles temen entrar.

Poco a poco con el tiempo dejé de tener esos tabúes con que nos educan desde niños que sólo hacen que tengamos migrañas severas, y se nos llene el corazón de resentimiento y rencor. Tuve llena de telarañas mi cabeza, me hacían suponer que si desobedecía me iría al infierno, sin saber que vivía en él; por no tener decisiones propias y reales me la pasaba todo el tiempo dándome golpes de pecho para ser aceptada en mi grupo de amistades. Criticaba y juzgaba sin ver más allá sabiendo que era peor lo que uno lleva adentro y callas.

Odiar mi pasado y desear el mal para los que me lastimaron, era mi Oración matutina; crecía mi amargura y con ella aún me acuerdo que me reía de la vida fingiendo que no me derrumbaría, ¡qué ironía, cómo pensaba aquella personalidad que destruí!

Dime tú cómo podía aliviar esta anemia, cómo podía detener todo el mal que de mi cuerpo se apoderó si yo misma fui mutilándolo poco a poco alimentándolo con el rencor, nosotros mismos envenenamos la sangre.

Cuando empecé a desenredar toda la madeja de mentiras que de mi vida había hecho, comencé a ver todo de un modo distinto, por primera vez empecé a ver con mis propios ojos y vi con tristeza el daño que me había hecho y la desesperación que sentí por querer desenredarme de todo lo que traía encima, sentía que me ahogaba.

¿Por qué y desde cuándo empecé por destruirme? Una y muchas veces me lo pregunté, pero ya no había tiempo para *" los por qué"* era necesario actuar. Empecé por ver las cosas de un modo distinto, menos soñador, y haciendo lo que yo sentía sin esperar ser aceptada ya que mi enorme deseo por ser aceptada me llevó a tener todas esas enfermedades en mi cuerpo, cuando cambié mi actitud interna mi entorno cambió y con él mi persona; desapareció la anemia, mi peso aumentó, siempre había pesado no más de 34 kilos, para mis padres y mi familia era yo una constante mortificación y lo más increíble de todo es que el cáncer que me agobiaba desapareció a los pocos meses.

Al perdonar y olvidar comprendiendo que todo era parte de un aprendizaje y que las personas que me lastimaron no eran culpables puesto que no eran conscientes de su proceder ya que eran movidos por una cadena de hechos. Entendí que no se es culpable cuando no se está consciente. Perdoné todo de corazón y entregué mi dolor y bauticé como un triunfo esas experiencias en mi vida y a raíz de ahí fue como una mañana después de la tormenta, mi actitud positiva limpió todo mi ser y llegó la avalancha de triunfos, las cosas positivas llegaron a mi vida, las nuevas oportunidades, pero sobre todo la fe, algo que yo ya había perdido, regresó. Mientras haya fe hay alivio.

Me llevó 2 años aproximadamente, los logros que he tenido hasta ahora, no puedo decirte que estoy bien totalmente, ya que como te digo esto es un constante crecimiento y estudio, suele uno dormirse a veces y cuando no te das cuenta vuelves a retomar los mismos pasos, ya que la falsa personalidad sigue en ti, sólo que la tienes que estar dominando todo el tiempo.

El darte cuenta de ello en ocasiones no es sencillo porque se esconde cuando tratas de justificarte, pero es como los cálculos matemáticos que siempre son exactos, así esto, si te descuidas terminas por volverte a enfermar.

Cuando desobedezco y trato de imponer mi voluntad y dejar que la falsa personalidad me domine, pierdo el equilibrio y de nuevo dejo que entre el egoísmo en mí, y me hago la víctima, la pobrecita, vuelven por arte de magia las espinillas a mi cara, las depresiones, mi menstruación de 16 días, surge el desequilibrio emocional.

Por eso es importante estar siempre alertas, cuidándonos y nuestro amigo o amiga, nuestra pareja nos ayude a ver, tal como si fuera nuestro espejo. Y por supuesto seguir paso a paso las 7 reglas de Paracelso, esas son sin duda herramientas necesarias para atravesar el puente. Han sido mi estandarte en mi lucha constante por despertar.

He entendido que nadie tiene la culpa de lo que nos sucede, sólo nosotros mismos, y es mi obligación decírtelo porque para dar consejos siempre he dicho que hay que pasar por ahí, aquél que no lo ha vivido en carne propia, ¿cómo puede sentir tu dolor, cómo puede comprender o aconsejarte? Sea cual sea tu caso, si este libro está ahora contigo, no lo dudes, nada es casualidad. Todo en la vida tiene un propósito, no te resistas a él. Mi vida cambió y ahora vivo en paz y al vivir de este modo conozco la felicidad, mis consejos los he dado a muchas personas, quienes ahora son felices y viven rodeados de armonía, abundancia y salud, disfrutan de lo que siempre anhelaron, puesto que nuestro Padre Celestial quiere lo mejor para nosotros, y quiere que así visualicemos nuestra vida, con abundancia y con salud. Jesús dijo: *"tus graneros estarán llenos y tu copa a rebosar."* Es una promesa de que tendrás aquello para lo cual te preparas. Pero debes esforzarte por ver una calidad de vida mejor, de atender lo abandonado que tenemos nuestro interior, que es lo único que con el tiempo no morirá.

Empieza por hacerlo, empieza por hacer realmente lo que quieres y no lo que el mundo quiere. Empieza por tener control sobre ti mismo.

Estas experiencias son un tesoro invaluable y deseo compartirlas contigo, hago mi parte al cumplir mi compromiso, que todo el bien que recibiera debería heredarlo a los demás. Quiero que sepas que todo es posible si lo deseas realmente, no tengas miedo de dar el gran salto, todos hemos pasado por momentos dolorosos y difíciles, pero lo más importante es que siempre hay tiempo para volver a empezar, no estás sólo, esta es la respuesta a tu llamado.

Para cambiar tu destino,

¡Nunca será demasiado tarde!

Aquí pongo las 7 reglas elementales, los nuevos mandamientos a seguir en la transformación por cambiar tu vida y vencer la falsa personalidad.

Las Siete Reglas de Paracelso

1º Lo primero es mejorar la salud. Para ello hay que respirar con la mayor frecuencia posible, honda y rítmicamente, llenando bien los pulmones, al aire libre o asomado a una ventana; beber diariamente, en pequeños sorbos, dos litros de agua; comer muchas frutas, masticar los alimentos del modo más perfecto posible; evitar el alcohol, el tabaco y las medicinas, a menos que estuvieras por alguna causa grave sometido a un tratamiento; bañarte diariamente es un hábito que debes a tu propia dignidad.

2º Desterrar absolutamente de tu ánimo, por más motivos que existan, toda idea de pesimismo, rencor, odio, tedio, tristeza, venganza y pobreza. Huir como de la peste de toda ocasión de tratar a personas maldicientes, viciosas, ruines, murmuradoras, indolentes, chismosas, vanidosas o vulgares e inferiores por natural bajeza de entendimiento o por tópicos sensuales que forman la base de sus discursos u ocupaciones. La observancia de esta regla es de importancia decisiva: se trata de cambiar la espiritual contextura de tu alma. Es el único medio de cambiar tu destino, pues éste depende de nuestros actos y pensamientos. El azar no existe.

3º Haz todo el bien posible. Auxilia a todo desgraciado siempre que puedas, pero jamás tengas debilidades por ninguna persona. Debes cuidar tus propias energías y huir de todo sentimentalismo.

4º Hay que olvidar toda ofensa, más aún: esfuérzate por pensar bien del mayor enemigo. Tu alma es un templo que no debe ser jamás profanado por el odio. Todos los grandes seres se han dejado guiar por esa suave voz interior, pero no te hablará así de pronto, tienes que prepararte por un tiempo; destruir las superpuestas capas de viejos hábitos, pensamientos y errores que pesan sobre tu espíritu, que es divino y perfecto en sí, pero impotente por lo imperfecto del vehículo que le ofreces hoy para manifestarse, la carne flaca.

5° Debes recogerte todos los días en donde nadie pueda turbarte, siquiera por media hora, sentarte lo más cómodamente posible con los ojos medio entornados y no pensar en nada. Esto fortifica enérgicamente el cerebro y el espíritu y te pondrá en contacto con las buenas influencias. En este estado de recogimiento y silencio a veces tenemos ideas luminosas, susceptibles de cambiar toda una existencia. Con el tiempo todos los problemas que se presentan serán resueltos victoriosamente por una voz interior que te guiará en tales instantes de silencio, a solas con tu conciencia. Ese es el daimon del que hablaba Sócrates.

6° Debes guardar absoluto silencio de todos tus asuntos personales. Abstenerse, como si hubieras hecho juramento solemne, de referir a los demás, aún de tus más íntimos, todo cuanto pienses, oigas, sepas, aprendas, sospeches o descubras. Por un largo tiempo al menos debes ser como casa tapiada o jardín sellado. Es regla de suma importancia.

7º Jamás temas a los hombres ni permitas que te inspire sobresalto el día de mañana. Ten tu alma fuerte y limpia y todo te saldrá bien. Jamás te creas solo ni débil, porque hay detrás de ti ejércitos poderosos que no concibes ni en sueños. Si elevas tu espíritu no habrá mal que pueda tocarte. El único enemigo a quien debes temer es a ti mismo. El miedo y la desconfianza en el futuro son madres funestas de todos los fracasos, atraen las malas influencias y con ellas el desastre. Si estudias atentamente a las personas de buena suerte, verás que intuitivamente, observan gran parte de las reglas que anteceden. Muchas de las que allegan gran riqueza, muy cierto es que no son del todo buenas personas, en el sentido recto, pero poseen muchas virtudes que arriba se mencionan. Por otra parte, la riqueza no es sinónimo de dicha, puede ser uno de los factores que a ella conduce, por el poder que nos da para ejercer grandes y nobles obras, pero la dicha más duradera sólo se consigue por otros caminos donde nunca impera el antiguo Satán de la leyenda, cuyo verdadero nombre es el egoísmo. Jamás te quejes de nada, domina tus sentidos, huye tanto de la humildad como de la vanidad: la humildad te sustraerá fuerzas y la vanidad es tan nociva que es como si dijéramos *"pecado mortal contra el Espíritu Santo"*.

CONCLUSIONES

No puedo concluir en este breve espacio pues apenas empezamos. Te diré que al comenzar el libro eras otra persona, pensabas diferente, ahorita ya no eres el mismo hay dentro de ti muchas preguntas, comenzarás a relacionar hechos, datos, escenas que guarda tu mente en el baúl de los recuerdos, quizás alguna palabra, una frase, derritió tu caparazón y me permitiste conocer tu herida, sigue, escarba analízate y no temas, comienza a romper los hilos de la falsa personalidad y eleva tu espíritu.

Y si sientes la necesidad de compartir tu experiencia o tienes dudas búscame, mi puerta siempre está abierta.

El amor es el eje que mueve al mundo,
es la razón de la cordura,
el hilo que ata a la locura... Sí haz de
perderlo o ganarlo "todo"... !Hazlo!
¡Pero que sea por amor! ...

AGRADECIMIENTOS

—A mis amigas con cariño, he puesto estas lindas experiencias en recuerdo de las grandes aventuras que pasamos juntas, y de un sin fin de desveladas recordando momentos inolvidables.

—A mi Esposo, por tener la paciencia necesaria para esperarme tantos años, y del amor tan maravilloso que he conocido a través de él.

A ti Bb quiero decirte...” Tú eres lo mejor que me ha pasado “

Pero sobre todo a ti hijo, por darme el privilegio de ser madre, por apoyarme en todas mis decisiones y ser un cómplice en mi vida, por aquella linda sonrisa que me diste al nacer que suplió a mi miedo ante la inexperiencia de ser mamá...

Sin ti Edy jamás lo habría logrado.

ÍNDICE

Impreso en España / Printed in Spain
Impreso por Bubok

www.ingramcontent.com/pod-product-compliance
Lightning Source LLC
La Vergne TN
LVHW010631200726
843507LV00011B/1672